久久回响

那些有温度的课堂故事

主　编 ● 薛丽霞
副主编 ● 杜虹利　俞碧文
　　　　佟　杰　姚春艳

中国水利水电出版社
www.waterpub.com.cn
·北京·

内 容 提 要

课堂是师生绽放光彩的舞台，它不仅是知识的传授，更是思维的碰撞、心灵的互动和情感的交融。在师生相处的这段幸福生活中，常会发生触动心弦的故事。这些故事，蕴含着老师们的人格魅力和教育智慧，不仅是珍贵的人生财富，更是我们职业幸福感的重要源泉。这些故事，如同一件件教学艺术品，令人久久回味，给人留下难以磨灭的印迹，深深地影响了师生的生活和成长。

本书精心收录的 62 个教学故事，来自全国各地 20 余位优秀教师的真人真事，文字轻松灵动而不失深刻性，涵盖了教学契机的捕捉、教学方式的创新、教学情境的创设、学生成长的关注、教学观念的转变等主题。

本书适合中小学教师阅读。我们相信，故事中流淌的温暖与智慧，定会引发您的思考与共鸣。

图书在版编目（CIP）数据

久久回响：那些有温度的课堂故事 / 薛丽霞主编.
北京：中国水利水电出版社，2024. 10（2024.12 重印）．
ISBN 978-7-5226-2784-7

Ⅰ．G632.421

中国国家版本馆 CIP 数据核字第 2024YS9121 号

策划编辑：陈艳蕊　　责任编辑：邓建梅　　加工编辑：刘瑜　　封面设计：苏敏

书　　名	久久回响——那些有温度的课堂故事 JIUJIU HUIXIANG—NAXIE YOU WENDU DE KETANG GUSHI
作　　者	主　编　薛丽霞 副主编　杜虹利　俞碧文　佟　杰　姚春艳
出版发行	中国水利水电出版社 （北京市海淀区玉渊潭南路 1 号 D 座　100038） 网址：www.waterpub.com.cn E-mail：mchannel@263.net（答疑） 　　　　sales@mwr.gov.cn 电话：（010）68545888（营销中心）、82562819（组稿）
经　　售	北京科水图书销售有限公司 电话：（010）68545874、63202643 全国各地新华书店和相关出版物销售网点
排　　版	北京万水电子信息有限公司
印　　刷	三河市德贤弘印务有限公司
规　　格	170mm×240mm　16 开本　14.5 印张　205 千字
版　　次	2024 年 10 月第 1 版　2024 年 12 月第 2 次印刷
定　　价	58.00 元

凡购买我社图书，如有缺页、倒页、脱页的，本社营销中心负责调换

版权所有·侵权必究

编 委 会

主　编　薛丽霞

副主编　杜虹利　俞碧文　佟　杰　姚春艳

编　委　商　劼　刘建峰　王　宁　王营营　韦丹霞

　　　　　宁圃晨　吕芙萍　刘改燕　刘倬丽　刘　薇

　　　　　李剑镔　杨明河　杨建新　吴　边　应新丽

　　　　　张永峰　陈政宇　罗敏萍　罗潇红　金　莹

　　　　　房　勇　孟美丽　郭伟东　黄海晖　章　巍

推 荐 语

与薛博士相识多年，常常被她的教育情怀与执着而打动。她组织编写的这些有生趣、有温度、有意义的课堂故事，源于行动研究，源于真实的教育实践，诠释了一线教师在教学观念转变、教学方式创新、教学情境创设等方面的有益探索；这些课堂案例让学生在活动中感悟、体验、探究、表达、交流、合作，其核心在于对学生发展的深切关注，这是从知识本位回归到生活、回归到自我成长、回归到"人"，与课程改革的理念高度契合。这些朴素、温暖的教学故事看似平常，但在聚焦于"人"的成长中凸显大智慧，相信能引发您进一步的思考。

——蔡可，首都师范大学教师教育学院教授、人工智能教育研究院副院长，
教育部高中语文课程标准修订组核心成员

课堂故事，是一个老师教学气质的体现，是一所学校文化的载体。以故事的方式讲述自己的教学过程，比较独特，也比较亲切。

书中这些朴素而温馨的故事，读来或暖心一笑，或陷入思考，或感慨万分，或深表敬佩，唤起我自己无数的教学回忆。故事中的教学思路、激励措施、对学生的关注，基于学科却又超越学科，具有普遍的启发意义，带给读者诸多灵感与共鸣。"编者按"有一定的站位高度，起到画龙点睛的作用，会让读者有恍然大悟之感。

——薛红霞，山西省教育科学研究院数学教研员，
教育部基础教育跨学科教学指导专委会委员

故事中蕴藏着教育真谛。

知行合一事上练，立德树人写春秋。薛丽霞主编及团队，是一群志同道合的教育人，用"心和笔"记录着宁静平凡却自带光芒的教育足迹，那些有温度的课堂故事，是一首首动人的歌谣与美妙的乐曲，久久回响，不绝如缕……

温和而坚定，这是一群有情怀、有担当且有故事的教育人！看着看着，我们能感受到——故事中的文字都"浮起来了"，人物都"立起来了"，思想、理念及技术都"跳跃起来了"……面对扑面而来的"所历所思所悟"，大家捧卷得"意"之时，不妨默契地"开颜一笑"。

——穆传慧，特级教师，正高级教师，审辩教育研究发起人，
深圳市罗湖区小学数学教研员

序1

小故事里的大智慧

好朋友薛丽霞博士联合了全国各地的优秀教师，将大家在杏坛耕耘多年的宝贵经验和传奇故事凝汇成这本书，之后把写序的任务交办给我，为此我苦恼了半个月。

一个偶然的机会，我和东莞松山湖的翟炜校长谈起这件事，她在认真研读了这本书之后，给了我不少启发和灵感。于是，我便邀她共同完成这篇序，翟校长欣然同意，这令我十分感动。

这是一本让每一位教育人都能心生共鸣的教育故事集，它用真实的故事展现了每位作者对教育的热爱、对学生的关怀，以及他们在课堂中不断探索、创新的教育智慧。细腻的笔触和真挚的情感，带领我们走进了一个个充满温度的课堂，让我们见证了教育的真正意义。这不仅是一线教师宝贵的教学经验分享，更是一份温暖的教育情怀传递。

读这本书给我们最大的感受是，各位作者虽然来自不同的地域、不同的学校、不同的学科和不同的学段，讲述的教育故事也各不相同，但都在共同回答一个问题——在这个知识爆炸、变化迅速的时代，学校教育的真正意义和价值在哪里？

教育学首先是关系学。"亲其师信其道"，如果没有建立起彼此信赖的关系，那么教育可能还没有开始就已经结束了，良好的师生关系是任何教育发生作用的前提。在这本书中"有温度的教育"不再是一句口号，文字间随处都充满了浓浓的人文关怀。在教师俯下身子倾听学生声音的过程中，我们看到了真实的学生。真实的不一定都是好的，但恰恰如此，才给了教育机会。在真实的学生面前，教育可以寻到真正的起点，也会更有温度、有力量。

经历和体验是学习的"捷径"。"听见的容易忘，看见的会记住，做了的才会真理解"。学习是一个寻找与创建意义的过程，而意义就产生在学习者头脑中存储的过往经验与新信息相互作用的那一刹那。为什么我们强调创设学习情境？就是为了使学生能够躬身入局，作为"局中人"去感受和体验，而不仅仅是作为"局外人"旁观。我们欣慰地看到，书中的每位教师都在努力让知识、现实世界与人在学校这个空间里产生链接,学生认知的自我建构也就由此而生。

素养需要在学科本质中生长出来。核心素养无疑是当今教育界的高频热词，但不容乐观的是，在考试文化的影响下，学科系统被一个个所谓的"知识点"分割开来，学生多见树木不见森林。教师个人的知识构成也主要是围绕一个个知识点的各类题型，只关心一些技术细节而忽视了对学科本质的整体把握。然而，书中很多老师的做法却让我们耳目一新，他们不再刻意关注孤立的知识技能，而是带领学生探究学科最本源的观点、思想和态度。"淡化技巧，突出本质"，正是在日常教学中培育核心素养最重要的一条路径。

教育既需要大爱情怀，也需要专业智慧，更需要创新探索。书中每一个故事都以不同的视角切入，生动地展现了每位作者在教育教学过程中的思考，独立而鲜活。同时，你会发现，他们与时俱进，从不满足现状，不断学习，勇于尝试，总是将新的理念和技术带到课堂中去。他们更鼓励学生保持好奇心和求知欲，激发学生的创新精神和实践能力，以适应当今世界和社会的发展，迎接充满挑战的未来。

这是一本值得每一位教育工作者、家长乃至所有关心教育的人细细品读的书。它不仅提供了丰富的教学策略和方法，更激发了我们对于教育本质的思考，引领我们在教育的道路上不断前行，探索更多可能。相信每位读者在阅读中都能感受到书中所蕴含的教育情怀，找到属于自己的教育灵感，让教育的力量在心中久久回响！

祝贺薛老师和各位同仁的新书出版，也衷心祝愿每一位读者在育人实践的道路上能够不断突破创新，收获富有意义的教育人生。

北京十一学校中堂实验学校　章巍

东莞市松山湖北区学校　翟炜

2024 年 8 月 8 日

序 2

教学的本真　教师的幸福

这是一本讲教学故事的书。

书中精心收录的 62 个教学故事，来自全国各地 20 余位优秀的一线教师。每个故事都是老师们的**真人真事**，**蕴含着真情实感**，朴素而不失深刻，读之让人难以忘怀，让人心生触动，让人热泪盈眶。在这些故事里，学科教学仅仅是场景与载体，背后流淌的是教学方式的创新、教学情境的创设、学生成长的关注、教学观念的转变；流淌的是或浓或淡的情感、教与学的共鸣、温暖的师生情谊。**每个故事都会对所有学科的老师有所启发**。

"**教育是师生相处的一段生活**"，是北京市第四中学原校长刘长铭提出的教育理念，对此我深表赞同。在孩子们最具可塑性、变化最显著的年华，有一段朝夕相处的时光，老师们是幸福的，书中不乏这样的美好时光。学生们为小测成绩"打赌"，刘薇老师让竞争公开化，将竞争结果转为好胜心的满足，师生尽情享受打赌的刺激和快乐；和孩子们一起飞奔到银杏树下的吴边老师，与小心翼翼地在银杏叶上书写诗歌的少年们，享受着醉人的"风与疯"；备战高考的关键时刻，吕芙萍老师的"桃李"们秘密筹备了温馨的元旦晚会，精心策划的惊喜，还说"任何人的肯定，都比不上老师们自己栽下的桃李的肯定"。

老师的一言一行都会深刻影响学生的成长，一个眼神可能会改变孩子的一生，也可能会影响到老师自己。认为自己妈妈是英雄的喀什单臂孩子，在应新丽老师的允许、欣赏与鼓励下，兴奋地表演花样篮球，越来越自信；学生弄脏裤子，刘改燕老师和同学们帮他收拾，在潜移默化的影响下，班里有孩子呕吐，同学们自发地帮他处理，因为二班是他们心中共同的家；杜虹利老师的一次"刀子嘴"，引发她深刻的反思，语言的力量如此强大，学会驾驭这股力量是老师成长的必修之路；罗潇红老师故事中的"一节小小的粉笔头"，有可能毁了老师几十年的兢兢业业，让人心有余悸。

教育的价值，在于启迪智慧并激发思考。启发学生思考的同时，老师们也冥思苦索，昼夜深思自己的教学。物理课堂上的"斑羚飞渡"，触发张永峰老师思考，如何才让学生求真求实地提出新颖的问题，激发主动探究的欲望；"我想给爷爷奶奶修一个大大的坟"，让房勇老师思考，我们想要的是我们想听到的，还是学生想说的，又如何引导学生正确认识生命；画冰激凌的小女孩如此渴望借班上课的商劼老师能留下来，引发我们思考，如果一节课能够激发孩子对数学的喜爱，一位好老师对孩子们会产生多么大的影响。

人最大的成就感来自工作。教师是"人类灵魂的工程师"，塑造人的"灵魂"这种成就感是任何其他职业无法比拟的，**"培养出让自己崇拜的学生"，是老师们更深刻的幸福来源。**金莹老师为昊星私人定制"国宝级待遇"，让"国宝"感受到自己的成长和进步，认识到自己可以变得强大；"你是爸爸妈妈用性命呵护的小天使"，王宁老师几句质朴而真诚的话语让父母早逝的孩子释放多年积压的情绪，发疯似的爱上数学；郭伟东老师加强对基本概念和基本性质的理解和记忆，让不适应高中、比较吃力的学生们体验到学习的成就感，由衷称赞"我们的数学老师超级好"。

在这个充满不确定性的 VUCA（Volatility Uncertainty Complexity Ambiguity）时代，每个人都需要拥抱变化。忽然之间全体线上教学了，忽然之间大模型就风靡全球了，随着技术的日新月异、全球化的扩展、文化的多元化，作为引领学生成长的教师，更加需要热烈地拥抱变化。"老师，你教的都没有考"，学生的一句话引发了杨建新老师深刻的思考与即刻的行动，专项教研情境创新题目；"一封珍藏的信"，俞碧文老师从孩子们身上汲取了无尽的灵感和力量，内心多了一份柔和与轻松；"大门口的课堂"，引发我们思考如何让农村孩子享受技术进步带来的机遇与便利；陈政宇老师通过 17 年前的一节课，感悟到充分信任的巨大价值，影响了他一生的教育观……

本书共八部分，**每部分都有独特的魅力，各美其美，美美与共。**"壹"部分老师们巧妙捕捉教学契机；"贰"部分老师们采取不同的激励措施，让课堂活色生香；"叁"部分各个学科之美竞相绽放；"肆"部分展现了各种独具匠心的教学思路；"伍"部分展示了贴近生活的教学情境的创设；"陆"部分体现了教师对学生的特别关注；"柒"部分展现了学生改变老师的难忘时刻；"捌"部分展示了影响老师们一生的教学瞬间。尽管立意上有一定的递进关系，但是每部分又是独立的，没有逻辑上的先后关系，读者朋友**可以按照自己的喜好直接选择阅读内容。**

每个故事都附有"编者按"，从第三方的角度解读故事、阐述教学思想。同时配有视频，介绍课堂背后的故事、对师生的影响、当时课堂留下的图像资料、故事主角们的感悟、已经毕业的学生们对老师的感念。**每个故事的视频风格各有不同，读者朋友可以不用抑制内心的小兴奋，愉快地扫二维码"拆盲盒"，**相信您会有不同的收获。

每个故事，都是编者的一片赤诚之心，有老师感慨"自己的教学故事能出版，为这个世界留下来了一些东西，一辈子没有遗憾了"。相信，这些在老师们心中久久回响的真情实感，会为您带来一些思考、**打开一些脑洞，**抓紧去享受这场有温度有深度的课堂故事盛宴吧！

薛丽霞

2024 年 6 月 16 日夜

扫码看故事视频

目录 contents

序 1
序 2

壹 智慧闪耀　捕捉教学契机的课堂　　1

一碗羊肉粉的数学味道　　　　　　商劼　　2
"数学小作文"带来的惊喜　　　　　郭伟东　5
我的妈妈是英雄　　　　　　　　　应新丽　9
家里有个刘妈妈　　　　　　　　　刘改燕　12
美丽的不速之客　　　　　　　　　韦丹霞　15
一场奢侈的雪　　　　　　　　　　罗敏萍　18

贰 活力四溢　展现别样风采的课堂　　21

师徒二人取真经　　　　　　　　　杜虹利　22
"语"众不同，"艺"彩纷呈　　　　吴边　　25
打赌　　　　　　　　　　　　　　刘薇　　29
手机合约　　　　　　　　　　　　金莹　　31
拿错了的惊喜　　　　　　　　　　陈政宇　34
老师，你慢慢来　　　　　　　　　吕芙萍　38
蓄谋已久的生病　　　　　　　　　杜虹利　42
神奇的 AI "化妆师"　　　　　　　金莹　　45

叁 学科之美　绽放独有魅力的课堂　　48

小说家的智慧　　　　　　　　　　刘薇　　49
不翼而飞的文字　　　　　　　　　俞碧文　54

深思・建模・突破・创新	杨建新	56
化学物理学科掐架	杨明河	60
燃烛吸水，原来如此	李剑镔	63
着了色的白杨	刘倬丽	66
望到了什么	刘倬丽	69
小小西门豹	应新丽	71

肆　匠心独具　创新教学方式的课堂　　　　74

找啊找啊找朋友	商劼	75
骑着自行车进课堂	张永峰	78
我只错了一次，却是在高考	张永峰	81
抛物线之美	王营营	85
我们组先上	刘倬丽	88
师者匠心	杨明河	92
快板课堂	吴边	96
奔跑着的中文课	宁囵晨	98
头脑风暴带来的无限惊喜	王营营	101

伍　回归生活　贴近现实世界的课堂　　　　105

爸爸的青春期也很不堪	罗潇红	106
银杏树下的诗歌	吴边	110
会讲历史的图形	王宁	114
看电影学化学	李剑镔	117
寿司开会	刘改燕	120
心直口可以不快	宁囵晨	123
潮汕才有的好风水	罗潇红	125
走过路过，不要错过	刘改燕	127

陆　眼中有人　关注学生成长的课堂　　　　131

我们的数学老师超级好	郭伟东	132

我每天都要高高兴兴来上学	应新丽	134
小女孩与冰激凌	商劼	137
你其实是天使	王宁	140
定格美好	孟美丽	143
爽歪歪的"ETC"	孟美丽	150
不一样的"热辣滚烫"	金莹	153
我心中的那朵雏菊	韦丹霞	156
打瞌睡的数学课堂	郭伟东	158

柒 教学相长　学生改变教师的课堂　　　162

学生改变了我	俞碧文	163
桃李春风	吕芙萍	166
物理课堂之"斑羚飞渡"	张永峰	169
师生成长的催化剂	杨建新	173
100欧元的故事	宁圄晨	176
共舞创客之路	俞碧文	178
逆向思维成就"开挂"人生	陈政宇	181

捌 影响深远　触动观念转变的课堂　　　185

既然豆腐心，何必刀子嘴？	杜虹利	186
大门口的课堂	房勇	189
老师，我不忍心	罗敏萍	192
老师，你教的都没有考	杨建新	196
师者之勇气	吕芙萍	199
修坟	房勇	202
后怕的课堂	罗潇红	205

编者们的心声　　　208

主编的心声　　　216

智慧闪耀

壹 捕捉教学契机的课堂

课堂上的突发事件，学生的质疑问难、独特见解、一些小插曲，看似微不足道，其实蕴含着巨大的教育价值，需要我们以敏锐的观察、睿智的应变、宽广包容的胸怀抓住这些稍纵即逝的教育契机，把"突发的意外"转化为"惊喜的礼物"。

故事视频

贵州省遵义市第十九中学　商劼老师

一碗羊肉粉的数学味道

贵州省遵义市第十九中学　数学教师　商勖

叮铃铃……熟悉的预备铃声准时响起，我正准备泡上一杯菊花茶悠闲备课，突然，电话铃声响起，我拿起电话，电话那头一个急切而有些严厉的声音，顿时让我的心情晴转多云，"商老师，语文老师生病请假，九（8）班的这节课得麻烦你去代一下！"工作中，哪位老师不会遇到点突发情况呢？我立刻给老李回了一句："李老师，我马上去班上！"放下电话，我心中立刻忐忑了。九（8）班学生的思维非常活跃，准备讲评的课件还没弄好，怎么办？尤其试卷中那两道压轴题都还没有充分地准备，怎么办？此刻的我别无选择，只能硬着头皮迎接这个挑战。

急匆匆来到教室，这节课该怎么讲呢？只讲基础题，孩子们肯定觉得没意思；只讲中等题，孩子们肯定吃不饱。我深吸了一口气之后挺直脊背，心想凭借多年的教学经验和对数学的热爱，咱有这个自信，应该可以化险为夷。

我向同学们宣布了本节课的安排：首先，请大家在三分钟内标记出自己不能独立改错的题目，交给组长汇总，最后由科代表统计给我；接着，以小组为单位进行讲题比赛，题目是老师根据统计情况挑选的重难点。为了激励大家，我还特别设置了奖罚制度：积分最高的小组免去本周数学作业，外加一份奖励（一般是棒棒糖）；积分最低的小组，在每天的数学作业外额外加一道数学压轴题。话音刚落，教室里立刻像沸腾的开水一样热闹起来，学生们纷纷行动并七嘴八舌地开始讨论。我观察着他们的反应，看时机成熟了，便将题目分成基、中、难三个层次，打包成八个题组，供各个小组选择。本以为那两道压轴题，应该会被"数学尖刀组"和"爆破组"认领，但出乎我的意料，它们却被另外两个基础相对薄弱的小组选择了。面对这个情况，我决定静观其变，看看他们会如何应对。

为了让同学们充分准备，并了解压轴题解答情况，我让大家先准备五分钟，并在组内试讲。巡查一圈后，发现压轴题情况不佳。第一个小组上台时，一切都很顺利，同学们讲解精彩，<u>但我心里还是有一丝不安</u>。最终，最担心的事还是发生了。

刚讲到第一道压轴题的第一个结论，一位同学的讲解就卡住了。他把求助的目光投向了我，<u>我故作镇静，其实心里一片慌乱</u>，这是一道复杂的函数多结论判断题，难度不小。我表面镇定，为掩饰慌乱，我请同学们再读题目，提取关键信息，然而，一个同学却要求直接讲解最后一个结论，<u>最后一个问题最刁钻，这不是要拆我的台吗？！不行，我一定不能被这群毛头小孩打败</u>。

我笑着对大家说："别慌别慌，我来解释。"接着迅速启动思维，仔细寻找题目线索，尝试各种解题方法。当我画出最后一个图形并完成两次转化后，终于感觉到正确的结论就在前方，我随机一动，装出一副被卡住的样子，皱着眉头对大家说："下一步该怎么办呢？这个式子中的 $3b$ 用什么去代换呢？我们用抛物线的对称轴公式可以吗？"我看着大屏幕和同学们，心生一计，提出谁能帮助解答就可以加五分，并请他吃羊肉粉。

孩子们听说有加分和羊肉粉，再看似乎真被难住的我，激情再次被点燃，教室里的沸点又到了一个新的高度，有争论的，有低头认真思索的，有反复演算的……然而，理想很丰满，现实很骨感，过了五六分钟仍无人能解。就在我准备揭晓答案时，孩子们齐声请求再给他们两分钟尝试解答，看到大家不服输的劲头，我暗暗高兴。

我边巡堂边观察，倒数第二排的小雪同学偷偷看了我一眼，然后低下头。她通常在课堂上不太主动，平时压轴题得分情况也不是很好。我走到她身边查看她的答案时，却惊喜地发现她居然答对了。几个思维活跃的同学争先恐后地举手，没有看到小雪的举手，<u>于是我用渴望且带有鼓励的眼神望向小雪，终于小雪战战兢兢地举起了手</u>，这可是一个千载难逢的鼓励她的好机会，于是我请她上台分享解答。尽管开始时大家都十分怀疑，小雪也肉眼可见的紧张，然而，她眼神中有少许的坚定，讲解到最后，则越来越坚定。小雪讲完，教室里爆发出热烈的掌声。

"好学生是夸出来的"，这么好的机会，我热切地对她说："感谢优秀的你帮助了商老师，感谢你的数学智慧，你就像你的名字一样冰雪聪明。继续加油，你一定可以做得更好！"课后我兑现了诺言，请她去街上的羊肉馆吃了一碗羊肉粉。事后，我听她的好朋友说，她说这是她吃过的最好吃的一碗羊肉粉……

<u>自那以后，她在课堂上的专注度明显提高，对数学的兴趣日益浓厚，成绩稳步上升</u>。最让我欣慰的是去年她顺利考上了市重点高中。当我以为这段往事即将尘封时，去年的教师节，意外地接到她打来的电话："商老师，祝您教师节快乐！谢谢您的羊肉粉，您今天有时间吗？我想请您吃羊肉粉！"她的话语如春风般温暖了我的心。

如今回首往事，<u>那次吃的羊肉粉是我吃过的最幸福的羊肉粉</u>。

● 编　者　按

　　在上这节课之前的很多年，商老师就已然是教学名师，但他上课依然会"故作镇静，其实心里一片慌乱"。而后，他以多年的数学涵养和适当示弱的教学机智，**激发了学生不服输的精神，学生主动"请求再给他们两分钟尝试解答"**，商老师应该不只"暗暗高兴"，而是内心一片狂喜。

　　越是基础薄弱的孩子，越需要被关注、被鼓励，"小雪同学偷偷看了我一眼"，这小心翼翼的动作，被细心的商老师敏锐地捕捉到了，**商老师用"渴望的眼神"鼓励着她，她终于"战战兢兢"地举起了手**。如何恰当地鼓励学生，就存在于这些小小的动作之中。一个偶然的契机可能会改变孩子的一生。

这两碗羊肉粉，承载着师生间无比珍贵的记忆。**教师爆棚的职业幸福感**，正是源于孩子们在日常学习中表现出来的坚韧与努力，源于引导孩子发生改变而爱上自己所授的学科，源于在自己的影响下孩子们有了更好的前途。教育的本质是一棵树摇动另一棵树，一朵云推动另一朵云，一个灵魂唤醒另一个灵魂！

"数学小作文"带来的惊喜

宁夏回族自治区石嘴山市平罗中学　数学教师　郭伟东

学生的数学表达，一直让我很是困扰。他们在解题过程中的随意表达，让我这个在逻辑严密和条理清晰上有"强迫症"的数学老师很痛苦；每次批改作业，简直是备受折磨。一遍遍地强调，总是没有效果。说心里话，我极不愿意用"对牛弹琴"来形容我的学生，可事实就是这样；细细再想，"对牛弹琴"不一定是牛的问题，也可能是人的问题，因为牛需要的不是悠扬的琴声，而是鲜美的青草。何况，我的学生一个个古灵精怪的，怎么可以和牛相提并论！大概是我没有找对方法。事实证明，单纯的说教是行不通的。终于有一天，因为一节课上的讨论，以及学生的行动，让我突然明白了问题的症结所在。

这学期，我们刚学完函数的基本性质，在这一节后面有一个"探究与拓展"的内容。在以往的教学中，我们对这块内容都是忽略的，很少会专门花课时去让学生进行探究活动。原因是，这部分内容不在正常的课时计划之内，更主要的原因是老师们觉得麻烦，认为学生没有足够的能力去进行探究。今年是我第一次教新教材，看到这个内容我就在想，新教材新高考特别强调学生学科素养的培养和发展，既然编者把这个内容放在了这里，一定有其用意。如果能用一种恰当的方式让学生开展探究与发现活动，应该可以很好地拓展学生的知识结构，提升学生的学习能力。

先简单介绍一下这节课。这节课是高中数学人教版必修一第三章第三节"幂函数"后的探究与拓展"探究函数 $y=x+\dfrac{1}{x}$ 的图象与性质"。函数 $y=x$ 与 $y=\dfrac{1}{x}$ 都是简单的幂函数，它们的性质和图象是学生熟悉的，但这样两个熟悉的简单函数通过加减乘除等运算构成新的函数，新函数又会具有什么样的性质？这些性质与原来函数的性质有什么联系吗？这些都是这节课学生需要探究的问题。

我不想再像以前那样简单跳过去。但这个课究竟怎么上，自己心里也没底。于是我决定发动学生的力量，让他们来思考，来设计这部分内容该怎样处理，毕竟学习的主体是学生，教师只应该在恰当的时机，扮演好自己恰当的角色。

在一节辅导课上，我对学生们说："同学们，我们已经学习完函数的基本性质了，大家也掌握了一些研究函数性质的基本方法，但关于'探究与拓展'这节课我感到有些为难，因为这节课老师我也不会上啊，怎么办呢？"学生说："老师，你这数学老江湖了，还用得着我们帮？是不是在逗我们呢？"我说："教学相长嘛，我也想给自己创造一次学习的机会。面对新教材和新高考，你们是新学生，比我这个老教师更有活力啊，我想见识一下你们的高招。"

接下来，学生们在我的鼓动下开始了激烈的讨论，他们争先恐后地发言，对某个问题意见相左时，便针锋相对起来，那气势非得要争个高下才行。好在，我也是经历过大场面的人，这样的课堂情景还是拿捏得住的。在我的组织下，每个同学都尽情地展现自己的智慧，讨论也如我所愿顺利进行着。突然之间，我真真切切地体会到，只要给学生搭建一个舞台，学生就一定能精彩地展现他们生命和智慧的活力，甚至能惊艳到你。他们在思考问题时，那严肃认真的表情，会让你感受到什么叫投入；他们为自己的观点据理力争，那毫不妥协的劲头，会让你感受到什么叫后生可畏；他们在被对方的道理所折服时，表现出的对同学的欣赏，会让你感受到什么叫大气。

在讨论"关于函数性质的研究从什么地方入手，学习效果会更好"这个问题时，学生们从自己的学习经验出发提出的一些观点，给了我很大的启发。在这里，我归纳了一些学生讨论的成果，您一定也能从中感受到学生的智慧。

方案一，可以类比之前研究幂函数的方法，研究函数 $y = x + \dfrac{1}{x}$ 的图象与性质，可以从函数的定义域、单调性、奇偶性、值域、最值等方面考虑。其中研究单调性时，可以利用函数单调性的定义，研究值域和最值时可以结合之前学习过的基本不等式。性质清楚了，最后就可以准确画出函数的图象。

方案二，可以先利用初中学习的列表、描点、连线的方法画出函数图象，由函数图象观察函数具有哪些性质，再给出性质的逻辑证明。

方案三，可以先初步判断函数一些比较容易确定的性质，比如说这个函数具有奇偶性，这样只需要研究函数的一半的性质和图象，另一半自然就确定了。结合这些性质，再画函数的图象就相对简单了，根据图象判断还有哪些性质是没被发现的，最后着重研究这些性质。

方案四，可以借助计算机技术，直接绘出函数的图象，这样既准确又快速，还能发挥我们计算机技术的特长，利用计算机来研究函数的性质。

学生讨论后给出的这些方案，让我不禁对他们刮目相看，有些是连我也未曾想到的，而且那些想法逻辑环环相扣，语言表达准确到位。但为什么学生们在作业中的表现却大相径庭呢？

于是，我有一个大胆的想法，趁势让学生就这个探究与拓展的内容，自己选择一个研究方案，自主开展探究活动，可以一个人进行，也可以组团合作，但最后每个人必须要以数学小论文的形式提交研究的结果。关于学生的数学写作，我也只是在文献中看到过，从未尝试过，我想也许这是一个很好的锻炼学生数学表达能力的方式。

久久回响
那些有温度的课堂故事

任务布置下去后，静待花开。出乎意料的是，学生交上来的成果让我十分惊喜，数学小论文逻辑严谨，表达有条理，作图和数学符号的使用都很规范，平时作业中的问题在绝大多数同学的数学小论文中都没有出现。在和学生的交流中，他们告诉我，<u>因为他们用心对待这件事</u>，知道老师很期待他们有不一样的表现，所以很多同学都去网上查找资料，研究学习数学论文的规范写法。在成果展示、课堂总结中，我充分肯定了他们的表现。他们告诉我，平时作业书写表达不好的原因是，作业太多了，大家都赶时间，所以没太注意这些，以后会严格要求自己。让我更开心的是，通过这次活动，学生真正得到了锻炼。

此后，因为我的信任和学生的努力，他们的数学表达有了质的飞跃，<u>他们不再为了应付作业而应付自己、应付老师，而是把自己当成学习的主人，努力展现一个更好的自己</u>。

● 编 者 按

"探究与拓展"模块为课堂教学提供了灵活的延伸空间，满足不同层次学生发展的多种需求。该模块通过挑战性的问题，鼓励学生从问题出发，积极动手操作、动脑思考，**在实践与探索中主动学习、独立思考**，从而扩展学生的知识结构，拓宽学生的数学思维。

教师适当示弱，如伟东老师说"老师我也不会上啊，怎么办呢"，学生觉得老师也需要学习和探索新知识，会增强学生的自尊心，激发学习兴趣和求知欲，同时消除师生之间的距离感，增进师生关系。

放手让学生大胆尝试，能够激发学生的主动性和学习的活力，教师要做的就是为学生们创建能够生长出活力的学习情境，设计恰当的学习任务，让学生在完成任务和解决问题的过程中体验到成长。

我的妈妈是英雄

新疆维吾尔自治区喀什地区疏勒县第四小学　语文教师　应新丽

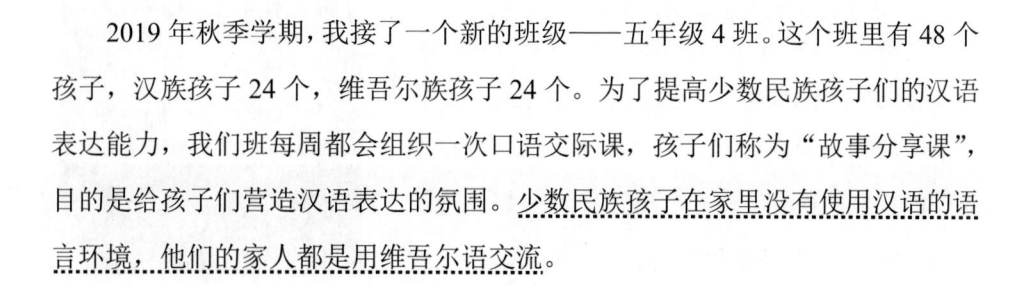

　　2019年秋季学期，我接了一个新的班级——五年级4班。这个班里有48个孩子，汉族孩子24个，维吾尔族孩子24个。为了提高少数民族孩子们的汉语表达能力，我们班每周都会组织一次口语交际课，孩子们称为"故事分享课"，目的是给孩子们营造汉语表达的氛围。<u>少数民族孩子在家里没有使用汉语的语言环境，他们的家人都是用维吾尔语交流。</u>

久久回响
那些有温度的课堂故事

小麦就是在这个学期从一所乡镇农村学校转入我们班的。我清楚地记得，那时我们学校教导处的老师有些不太愿意接收他，原因是小麦在农村学校学习，由于没有使用汉语的语言环境，汉语表达能力很差，而且小麦在一次事故中失去了左臂，身体很不协调。但是，在小麦父母的恳求下，小麦进入了我所带的班级。<u>刚到我班上的小麦，胆小腼腆，很少和同学们讲话。</u>

2019年12月的一个周三，我组织孩子们开展主题为"英雄故事会"的分享活动，这个活动以"小组"为单位进行，也就是每个孩子先在"学习小组"里分享自己的故事，然后每个小组选出故事讲得最好的同学在全班分享。激动人心的全班分享开始了，先上台的是班长，讲的是小英雄雨来的故事，她讲得绘声绘色，孩子们听得津津有味，不得不说爱阅读的孩子，口语表达能力就是强！

紧接着是第2小组，这组推选了小麦，<u>我有些惊讶，疑惑地看着他慢慢地走上讲台，心里比较担心这孩子能否讲好。</u>小麦开始讲故事！等等，他没有讲"英雄故事"，他在讲他小时候因为不懂事，在乡下和小伙伴玩球的时候不小心碰到了电线，后来他妈妈发现了，不顾自己有触电的危险，把他从电线边拖了出来，急忙把他送到了医院，医生把他抢救了过来，可是他却从此失去了左臂……讲到这里，他哭了，孩子们都安静了下来！

这时，我听到有个孩子小声地嘟囔："小麦讲的不是英雄，是他的妈妈。"此时，我觉得这是一个"感恩教育"的契机。说实话，作为一名一线教师，<u>我一直反对"喊口号式"的感恩教育和学科教学过程中"生硬的感恩教育"，我一直认为教育要"润物细无声"。</u>而且，"英雄"这个词也不应该被狭义地理解。于是，我走上前轻轻地抱了抱他，问他："你是不是想说，在你心里，妈妈就

是你的英雄！"他泪眼蒙眬地望着我，使劲地点点头！我说："每一个妈妈在孩子遇到危险的时候都会奋不顾身，成为解救孩子的英雄！"教室里响起热烈的掌声，同学们用掌声表达了他们的鼓励与认可。

这个瞬间，我突然想起前两天看到的一则新闻，一个12岁的孩子因为恨母亲的管教，亲手杀死了母亲！这则新闻让我心惊肉跳，<u>我觉得，让孩子们学会感恩，比掌握科学文化知识更重要</u>！于是，我趁势引导孩子们，问，还有谁觉得自己的父母是英雄？还有谁愿意分享你觉得爸爸妈妈做的最"英雄"的事？孩子们高举小手！脸涨得通红，看来孩子们都想起了父母对自己的爱！

孩子们分享结束后，我看到孩子们的眼里有了泪花！我想要的效果达到了！于是，给孩子们布置作业：今晚跟你们心目中的英雄——爸爸（妈妈）说一声"我爱你爸爸（妈妈）！"<u>因为，爱是需要表达的</u>！

这节课结束后，让我欣喜的是，<u>小麦有了很大的变化，不再胆怯，变得活泼开朗了一些，也愿意和大家一起玩了</u>。小麦的家长也发现了孩子的变化，特别感激我，感激我们的班集体。虽然小麦的家庭并不富裕，爸爸是货车司机，妈妈是家庭主妇，可是他爸爸还是特意给我们班捐赠了丰富的奖品。

小麦越来越活泼开朗，第二年的运动会，小麦主动报名参加学校的"花样篮球展示"方队。我担心小麦只有一只手，没有办法运球，可是，他一再向我保证，他一只手也可以做得很好。在运动会开幕式，小麦所在的方队展示花样篮球，小麦自信大方地运球，按照方队的要求完成了各种动作，现场观看的老师和同学们爆发出热烈的掌声，表达对小麦的赞赏！<u>看着沉浸在兴奋中的小麦，我觉得他才是"英雄"</u>，真是由衷地为他高兴，一堂"故事分享课"改变了一个孩子！

小麦毕业时已经能够用流利的汉语表达。上初三时回校来看我，他自信又阳光地告诉我，他在班级能排到前五名。他说，我是他遇到的老师当中最好的那一个！

● 编者按

在喀什这样有着浓郁维吾尔风情的地方，新丽老师常态化组织口语交际课，**为孩子们营造汉语表达氛围**，分享故事、对话交流，有效推动民族地区"国家通用语言文字"的学习和使用。

讲妈妈故事的小麦，是腼腆的；单手表演花样篮球的小麦，是兴奋的；毕业时流利讲汉语的小麦，是自信的；**有新丽老师的看见、接纳、允许、欣赏与鼓励，小麦是幸福的。**

共情与欣赏，是一种温暖的情感，是一种慈悲，也是连接他人的桥梁，它使我们能够深入孩子的世界，无私地支持他们。作为教育者，我们应该更加注重提高共情能力，让我们的教育更加细腻，做到"润物无声、育人无痕"。

家里有个刘妈妈

山西省太原市第四实验小学校　语文教师　刘改燕

一年级新入学的孩子们，首先要过汉语拼音关。为了避免枯燥，教材编排了一些朗朗上口、充满情趣的儿歌。孩子们在拼读儿歌的过程中既巩固了汉语拼音，又增长了见识，积累了词汇。汉语拼音12课"an en in un ün"后面配有一首这样的儿歌："蓝天是白云的家，树林是小鸟的家，小河是鱼儿的家，泥土是种子的家。我们是祖国的花朵，祖国就是我们的家。"

课堂上，孩子们借助拼音饶有兴致地读着儿歌，读了一遍又一遍。经过自主拼读音节，认读词语，儿歌基本读熟了，小家伙们获得了成就感，都很开心。我叫了几个小朋友起来读，他们做着动作，边表演边朗读。在他们的带动下，全班同学都做起了动作，萌萌的样子特别可爱。于是我奖励他们配着音乐朗读，并承诺把小视频直接分享到班级群里。得知爸爸妈妈将会看到他们的精彩表演，孩子们别提有多高兴啦！在反复朗读的过程中，孩子们加深了对诗歌的体验和理解，在读到"我们是祖国的花朵，祖国就是我们的家"这一句的时候，眉开眼笑，充满自豪。我顺势而导，让孩子们感受对祖国的热爱。

为了让孩子们把优美的词句积累下来，我问道："同学们，你们能帮他们找到自己的家吗？"然后出示一组词语"蓝天、树林、小河、泥土、同学们"引导孩子们把儿歌背下来。课堂就是要让学生跳一跳摘果子。我眉头一皱计上心来：这么好的句式何不训练一下语言，拓展一下思维呢？于是我把"＿＿＿是＿＿＿的家"打在大屏幕上，让孩子们自由想象，练习说话。孩子们纷纷举起小手，争先恐后地表达。"笔袋是铅笔和橡皮的家""书包是书本和文具的家""化妆包是化妆品的家，我妈妈爱臭美，哈哈哈……""冰箱是蔬菜和水果的家""衣橱是衣服的家""果园是水果的家"……胖乎乎的小邓突然站起来，大声说"一年级2班是我们共同的家，家里有亲爱的刘妈妈"。此话一出，我的内心受到了很大的震动！因为小邓是班里最淘气、最调皮的孩子，平时真没有让老师们少操心，他竟然对自己的班级和老师有这样深的感情。听到他这么说，同学们有的应和着"是的，是的"，有的立刻为他鼓起了掌。

我请他到讲台上，让他说说为什么觉得一年级2班是他和同学们共同的家。他说："我学习不好，同学们也不笑话我，还主动帮我。我不小心把裤子弄脏了，老师和同学们都帮我清理，也不嫌我臭，我觉得大家就是我的家人。"说完就脸红了，憨憨地笑着。教室里再次响起热烈的掌声。我追问道："孩子们，你们谁还能讲讲2班这个大家庭的故事呢？"孩子们就七嘴八舌，叽叽喳喳地交流起

久久回响
那些有温度的课堂故事

来。那么天真烂漫而稚嫩可爱。有说同学们和睦相处的,有说互相帮助的,有说自己摔倒同学把他扶起来的……

小白讲了一件发生在道德与法治课上的事:班里小博在上课的时候突然呕吐了,好多同学帮他处理,有的拿笤帚,有的拿簸箕,有的给他递纸巾,同桌竟然把小博吐出来的脏东西用手接住,也不嫌恶心。道德与法治老师说一年级2班的孩子们太懂事了,当时老师都感动哭了。听了这样的故事,我的眼睛也湿润了。我可爱的孩子们才六岁半啊!这样纯洁善良,这样善解人意。我走到小博同桌跟前紧紧地抱住了她。问及她为什么这样做时,她说:"小邓拉到裤子里刘老师帮他擦都不嫌臭,吐出来的饭也不臭。"我万万没有想到,不经意间的一些行为竟然都被孩子们深深记在心里,潜移默化地影响着孩子们。

泪水模糊了双眼,我转身朝着黑板,和孩子们齐诵"蓝天是鸟儿的家……"

● 编 者 按

"蓝天是鸟儿的家""2班是我们共同的家",**用适当的方式锻炼孩子们的语言表达能力,拓展他们的思维**,逐步提高孩子们的综合素养。搭建一个舞台,孩子们就会还我们一份别样的精彩。

课堂应该是什么样的地方?是**师生共治、心灵互动、思维碰撞、情感激荡、播撒温情**的地方。改燕老师走进儿童生活,用儿童的视角看教学,同学们的真挚表达又深深触动了老师,师生融为一体,孩子们的课堂生成皆因老师有无尽的爱在默默播撒,师生双向奔赴的课堂如此美好!

美丽的不速之客

广西壮族自治区巴马瑶族自治县第二小学　语文教师　韦丹霞

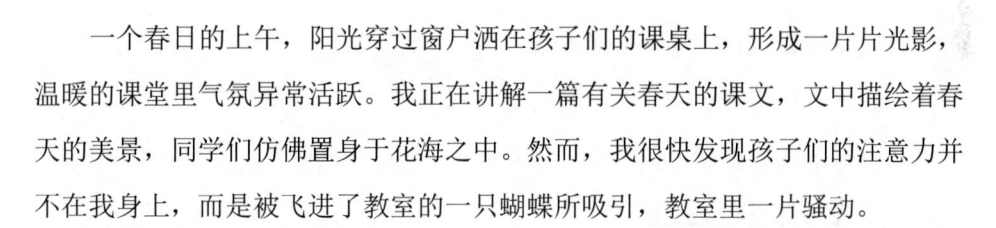

一个春日的上午,阳光穿过窗户洒在孩子们的课桌上,形成一片片光影,温暖的课堂里气氛异常活跃。我正在讲解一篇有关春天的课文,文中描绘着春天的美景,同学们仿佛置身于花海之中。然而,我很快发现孩子们的注意力并不在我身上,而是被飞进了教室的一只蝴蝶所吸引,教室里一片骚动。

"呀!蝴蝶!"

"好大啊!"

"瞧!她的翅膀有好几种颜色呢!"

……

有的孩子们索性放下了笔,有的指指点点,有的议论纷纷……平时那几个最顽皮的"头号人物"索性站了起来!要不是在课堂上,估计他们早跳起来了。

久久回响
那些有温度的课堂故事

　　蝴蝶翩翩起舞，它的翅膀在阳光下闪耀着绚丽的光芒。孩子们的目光随着蝴蝶移动，他们的心思也早已飞出了课文。看到这一幕，我心想：看这情况，课是上不下去了！<u>还不如就着他们在兴头上，趁热打铁做一次习作指导</u>。于是，我决定调整教学内容，让课堂变得更加生动有趣。

　　"同学们，你们看到那只蝴蝶了吗？"我大声问。

　　"看——到——了！"孩子们拉长声调回答。

　　"美不美？"我提高了音量，故意吸引他们往我这里看来。

　　"美！"孩子们异口同声地回答。

　　"有谁知道这只蝴蝶为什么飞进教室吗？"

　　一时间，教室里热闹非凡，同学们眉飞色舞，争先恐后地发言。有的说："可能是因为教室里开着窗户，蝴蝶误以为是外面了。"有的说："也许是蝴蝶想和我们一起学习。"还有的说："蝴蝶也想来感受春天的气息。"

　　大家讨论得热火朝天，我继续追问："那你们谁能形容一下它的美丽呢？"<u>我提议每个同学用自己的语言描述一下蝴蝶</u>。孩子们纷纷举手，迫不及待地表达自己的想法。

　　"我觉得蝴蝶像一朵盛开的花朵。"

　　"它像一位穿着美丽衣裳的舞者。"

　　"蝴蝶的翅膀像彩虹一样绚丽多彩。"

　　"蝴蝶的舞姿轻盈优雅。"

　　"你们没发现吗？蝴蝶的眼神中透着一股神秘的力量。"

　　这时，小明站起身说："那她就是一位仙子，从花仙子的王国飞来，想要告诉我们春天已经到来。"听到小明的描述，全班都笑了起来。

　　我微笑着听孩子们的描述，心里暗暗窃喜：这帮小家伙还真行！然后睁大眼睛，竖起大拇指，禁不住兴奋地说："<u>孩子们想象力真丰富！说得真棒！看来你们都有一颗善于发现美的心。下面，就让我们一起用自己的笔，写下这美丽</u>

的瞬间吧！"

孩子们兴致勃勃地拿起笔，开始用心地写起作文来。他们的笔尖在纸上跳跃，仿佛在跟那只蝴蝶一起翩翩起舞。而那只美丽的蝴蝶似乎也感受到了孩子们的热情，它停在窗边，默默地陪伴着他们。

时间在孩子们的笔下悄然流逝。写完作文后，我让他们互相交流作品。通过分享，<u>孩子们不仅学会了如何更好地描述美丽的景物，还懂得了用心去感受生活中的美好</u>。一堂语文课不经意间悄然结束了。同学们不仅学到了来自生活中的知识，还收获了一段难忘的经历。那只蝴蝶成了大家心中的春天使者，带给大家无尽的欢乐和美好的回忆。

每当春天来临，同学们都会想起那只美丽的蝴蝶，想起那节充满欢笑的语文课。

我很庆幸自己没有当场批评孩子们开小差，浇灭这一份美好。每每与同事们分享这段愉悦的课堂经历，我总是会心一笑。因为我知道：<u>生活中的每一个细节都值得我们去珍惜和感悟，而作为教师的我们，更应该抓住契机，引导学生去用心体验和感受。</u>

◉ 编 者 按

  小学生的注意力，集中时间短暂而容易受到外界刺激的吸引，"不速之客"光临之时，是强硬地继续原来的教学内容，还是顺势"就着他们在兴头上，趁热打铁做一次习作指导"？智慧的丹霞老师抓住了恰当的教育契机，**引导孩子们真情实感、言之有物地表达**，将精彩的瞬间定格。

  语文课堂应该不仅仅是书本知识的灌输，更重要的是，**引导孩子们用心去发现美、感受美、体验美**，进而表达生活中的美好，爱上这个世界，这样才能够让学生全面茁壮成长。

一场奢侈的雪

浙江省诸暨市浣东街道城新小学　语文教师　罗敏萍

南方的冬天,如果能下一场雪,是件稀奇事儿!

前几日,孩子们学习《雪孩子》,他们的眼神涌动着对雪蠢蠢欲动的期盼。当孩子们读到文中的雪孩子最后变成了一朵很美很美的白云,都不约而同地转向窗外,仰望蓝天中那一朵一朵的云,心驰神往。

云很美,要是来一场雪,那就更美!

老天似乎读懂了孩子们的心思,这一天上午,天空阴沉,居然下起了雪!要知道,南方的冬天,一连四年,城里都没好好下过一场雪呢!

雪,一开始下得不像样,在窗外凌乱地随风舞着,但丝毫不减孩子们的兴致。"啊,哇,哦,呀!……"一声声的感叹,欣喜中带着雀跃,透露着恨不得往外奔的冲动。我也忍不住瞟了眼窗外:呵,行啊!只是小了些!我也和孩子们一样,上课走了神,本想提醒靠窗的孩子把未关紧的窗户关紧,结果口误说成了:"太冷了,把窗户打开!"这下把孩子们乐坏了,雪花纷纷扬扬地灌进教室,教室里像翻腾的一锅粥,欢快极了。

雪越来越争气,越下越大,没有夹着细雨,而是随着透凉的北风斜斜地纷纷飘扬着。我们都是爱着雪的,眼前的一切正是所期盼的。"来,看看窗外飘的雪,像什么?你能否说一个比喻句?"

"雪,像鹅毛一样。"一位学生得意地回答。我点了点头:"一般人都会想到这样的比喻。老师读小学的时候,就已经这样表达了。有没有别具一格的比喻呢?"孩子们见状,纷纷举手。

"老师，我怎么看像我爸爸头上抓下的头皮屑呢！"一位孩子的发言引起大家的哄堂大笑，"咦！有点恶心！"一些孩子摆出一脸嫌弃的样子，我也禁不住笑了。

"老师，我觉得这样的比喻不美。"

"那谁来几句美美的比喻？"

此刻，窗外的雪有点大起来了，大朵大朵忙不迭地飘！孩子们的发言还在继续，有的说雪像盐，像味精，像粉笔灰，像纸片，像白鸽抖落的羽毛……每个孩子心中感受的那份美真不一样！孩子们尽可能地想象着独特的比喻，甚是满意。我微笑着，让孩子们自由表达想象、倾听他们真实的声音，对孩子们报以充分的信任，让他们感觉到自己的发言是被珍重的。

当一个孩子说，雪，像一朵朵雪白的梨花。教室里不约而同地响起了掌声，<u>最好的评价其实不是老师给予的，而是孩子们自己做出的</u>。我暗暗地感谢窗外的这场雪，带给我们如此生动有趣的分享。

我让同学们拿出《晨言星语》校本读本，跟我读刘义庆的《咏雪》：

俄而雪骤，公欣然曰："白雪纷纷何所似？"兄子胡儿曰："撒盐空中差可拟。"兄女曰："未若柳絮因风起。"

"我们来读读这篇小古文吧！你也可以边欣赏外面的雪，边读小古文。"这下好了，全班一半多的同学斜着身子，举着书，对着窗外的雪读，似乎在举行隆重的咏雪礼。

一遍两遍三四遍，师生合作读，男女分角色读，做手势表演读，各式花样，读着读着，孩子们都会背了，小古文的意思也都懂了。

我转身在黑板上写了两个句式：（　　　　）差可拟；未若（　　　　）因风起。

"谁能借用其中的句式来说一说呢？"

这可难不倒孩子们，答案如雪花般纷至沓来：父之皮屑差可拟；梨花朵朵差可拟；纷纷鹅毛差可拟；……未若白羽因风起；未若梨花因风起……教室里，除了诗意还弥漫着文言的气息。

窗外的雪,破天荒地下了一节课,紧接着就变成了毛毛细雨,校园里刚刚积的一层薄薄的雪,估计过一会儿就全融化了。不管怎样,在南方的冬天,能下这么一场雪,实属罕见。

下午再来一场大雪吧,我可以带着孩子们,撑着小花伞,迎着雪花,踏雪前行,咯吱咯吱,走向银装素裹的操场,画下一串串不深不浅的脚印。每个孩子可以滚一个心爱的小雪球,堆一个独特的小雪人。还可以在雪地里想怎么踩就怎么踩,想怎么躺就怎么躺,想怎么滚就怎么滚……

虽然这样的想象有点奢侈,我知道在南方的冬天,尤其在市区,拥有一层厚厚的雪,已经多年未见了。

编 者 按

契机,稍纵即逝,善于捕捉教学契机的老师,会酝酿出独特的教学气质,**让课堂充满意外与惊喜**,非常好玩儿,兼具灵动与活泼、轻松与愉悦。敏萍老师抓住这场奢侈的雪,让学生酣畅淋漓地想象,自由个性地表达,让学生充分感受到学习是一件十分享受且浪漫的事。这样的课堂,哪个孩子不喜欢呢?

难得迎来这么一场罕见的雪,如果把孩子们直接带到雪中,就更加浪漫更加令人欢喜了。

贰 活力四溢
展现别样风采的课堂

面对个性鲜明、衣食无忧的孩子们,如何激发他们的活力,让课堂气氛热烈且引人深思?师徒合作、演绎课本、公开竞争、签订手机合约、交换作业本、AI改作文……各种激励手段,百花齐放,适合我们班学生的,就是最好的。

故事视频

北京市第四中学 刘薇老师

师徒二人取真经

四川省绵阳东辰聚星学校　数学教师　杜虹利

如何让学生每经过一次考试都有大的收获，实现检测的价值？当然是有目的、有计划、有实效地上好试卷讲评课，因为它具有激励、矫正、强化、示范的作用。<u>在我的心中，一堂好的试卷讲评课应该使学生有拨云见日、豁然开朗的感受，</u>激发学生的学习热情和求知欲。然而，想达到这样的效果，是否必须依赖教师全面细致的引领分析强化呢？尤其在课堂时间有限，出现了不少有思维含量的典型错误，而学生又比较活跃的情况下，我总是认为学生如果能把自己的错误点讲出来、讲清楚，那距离正解就不远了。来看看那次令我和孩子们都很有收获的课吧。

这天，试卷讲评课时间到了，学生们准备好试卷，铃声响起，我如往常一样走进教室，说："孩子们，准备好上试卷讲评课了吗？"大家齐声回应："准备好了！"我接着说："但今天老师不讲评。""啊？"同学们露出惊讶的神情。我继续说：<u>"因为我发现咱们班有很多同学比老师更擅长讲解，你们知道是谁吗？"</u>学生们纷纷议论起来，列举了几位善于表达且成绩优秀的同学。我笑着说："看来同学们很善于发现身边的榜样，同时，这几位同学在大家心中的人气也很高啊，那么，就请他们——"一个机灵鬼抢答："来讲课！"其他同学紧张又兴奋地望着我，我微笑着说："来——评课！"教室里又是一声不约而同的"啊？"我又问道，那谁来讲课呢？有同学说师傅来讲课（每个孩子都参与了师徒结对），我说："错了！师傅来听课。""啊？""那到底谁来讲课呢？"我继续问道。没有人回答我了，教室里一片安静。我笑着说："徒弟来讲课！""啊！"教

贰 活力四溢 展现别样风采的课堂

室里再次响起一片惊叹声。哈哈，他们一惊一乍的表情真是太可爱了。

接着，我满怀期待地问："有多少同学已经利用课余时间把自己能改的错改好了？"班里不少同学举了手。我称赞他们："你们真棒！你们的自觉性为今天的讲评课节约了不少时间！"我注意到有几个没举手的同学显得有些不好意思，于是笑着说道："没有来得及改错的同学也没关系，听懂了改得更快！"接下来我宣布了本节课的安排：徒弟先将自己能改的错题讲解一遍，师傅进行点评和帮助分析错因，师徒都不会的，允许离开座位和其他师徒交流，最后由评课团队对徒弟的讲解展示进行评比。我话音未落，便有同学按捺不住，准备离开座位。我一声令下："第一阶段任务，15分钟，计时开始！"同学们迅速结成小组，展开了激烈的讨论。

倒计时的提示声一响起，我拍了拍手，同学们默契地回到座位。我问："有哪位徒弟代表师傅来展示？"只有几名徒弟举手，我鼓励道："刚刚讨论得很热烈，说明大家都很认真在讲题，是否还有些问题没解决好呢？"有同学小声地说："知道但讲不出来。"我灵机一动，问道："各位师傅，觉得自己的徒弟今天表现不错的举手，请你不要吝啬对徒弟的赞美！"不少师傅举手肯定自己的徒弟。我接着说："那接下来这轮讨论师傅重点传授徒弟讲题技巧，讲什么，怎么讲，好吗？加油！"经过这一轮热烈的交流，举手的徒弟明显增多了，连平时不太发言的小宇同学也鼓起勇气举了手。我选了他并轻声嘱咐："不要紧张，讲错了还有师傅呢！"小宇略带羞涩地走上讲台，声音较小，我便将麦克风递给他。

　　讲解过程中，小宇不时看向我，我给予他肯定和鼓励的眼神，小宇比较顺利地完成了讲解。我说："同学们，让我们为小宇的表现鼓掌！"接着我问："师傅还有补充吗？"小宇师傅又大方地站起来补充道："其实这个题除了常规方法，还可以利用特值法，更节约时间！"同学们有的恍然大悟，有的点头赞同。我笑道："看来师傅果然有两把刷子啊！"学生们组成的评课团也让我感到惊喜，有的评价"小宇讲话比以前大声了"，有的补充"小宇还写了板书"，还有的总结"小宇的进步离不开师傅的帮助"，更有人建议道"下次讲解这类题目时，能总结一下方法就更好了……"同学们的评价中肯且真诚。我询问小宇师徒二人："你们觉得同学们说得有道理吗？"他们开心地点了点头。我笑说："恭喜师徒二人取得真经！加5分！""哇——"教室里响起了欢乐的掌声。

　　这节课激发了学生们表达的欲望，临近下课，还有同学意犹未尽。我提醒他们："最后的5分钟，大家要静心内化，用心记录今天的收获，完善纠错过程和方法总结。还有好方法的，欢迎下课来找我交流。"下课铃声响起，我和学生们相视一笑，离开了教室。

编者按

　　师徒组合，虽为规模最小的团队，但师徒二人在知识学习与吸收中扮演着关键角色，能够实现个性化研讨与深入剖析，辅助学生弥补知识空白、释疑解惑。捆绑式的考核评价机制，能激发学生团队合作精神，促进共同进步。

　　建构主义教学理念认为，学生之间的知识交流与共享是实现深度理解的关键。通过相互激发、评价与修正，学生能够形成新的认知，达成更深层次的理解。

　　将课堂的主动权归还给学生，鼓励他们积极表达自我，同时培养他们的倾听能力，形成乐于分享、善于欣赏的品格，让每个学生都拥有锻炼与成长的机会。

"语"众不同，"艺"彩纷呈

四川省资阳天立学校　语文教师　吴边

《语文课程标准》指出：学生是语文学习的主人，语文教学应激发学生的学习兴趣。语文本身源于生活，也能更好地反映生活和展现生活，所以语文课堂教学需要改变过去枯燥古板的教学模式，教师要敢于创新，积极开启学生的智慧，激发学生的求知欲。在语文教学中我不断摸索前行，讲授到部分章节的时候，<u>让学生演绎课本内容或再现文章中的某一场景，这样不仅可以提高学生的学习兴趣，还可以培养学生的理解能力，挖掘学生的创新能力</u>。我粗浅地理解为这就是"情景化教学""多学科融合"。

一、表演序列

《皇帝的新装》这篇课文在初一上册，很适合低龄的学生表演，这个阶段的学生也喜欢表演，一是因为它是篇童话，充满童趣，很好玩儿，二是因为人物特性突出，易于表演。

孩子们早早地就招兵买马，组建自己的表演团队，皇帝、骗子、大臣、官员、小孩、父亲、群众，还有侍卫都想到了。关于道具，每一届学生各有千秋，其实道具已然不重要，<u>重要的是学生可以放飞想象，发挥创造力，用自己的话语、表情和肢体动作把皇帝的自欺欺人、愚蠢至极演得活灵活现</u>，能够把骗子的招摇撞骗、花言巧语表现得淋漓尽致。还有溜须拍马的官员和大臣，天真可爱的小孩，都表演得栩栩如生。在角色分配上，皇帝可以是男生也可以是女生，巾帼不让须眉，女生更放得开呢。

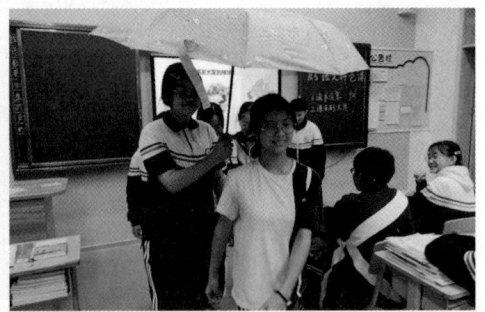

通过表演，学生对主要情节的把握和对主要人物形象的分析更加直观，特别是参与表演的同学，经过对人物的揣摩和塑造，再回归课本，一切问题就迎刃而解了。

其他进行了表演的篇目有《变色龙》《孔乙己》《石壕吏》《卖炭翁》等，遗憾当时没有图片和视频记录。

有画面感的文段适合情景再现方式的演绎，也有文段适合声音的演绎，比如说历史剧《雷电颂》中的经典片段，必须演绎出屈原发自内心的对黑暗世界的质问控诉和批判，2011级学生在课堂演绎的时候进行了大胆创新，用复诵的形式来突出内心愤怒的质问，虽然有些幽默成分，但这是孩子们的表现形式，情感把握是到位的。这些表演都是课堂上即兴完成的，说明孩子们是用心讨论和深入理解的，相信表演者和听众都能够感受到屈原不屈的内心。

以上两个例子都属于动态表演。课堂教学中也可以探索用静态展示来加深学生对课文内容的理解。《核舟记》的第三段是这篇文章的重点，苏东坡、黄鲁直和佛印的神态与动作被奇巧人王叔远在桃核上雕刻得惟妙惟肖，作者魏学洢通过细致的笔墨生动展现了人物形象。这一段我一般要求学生背下来，因为文章写得十分精彩。于是我用情景再现的方法让学生当堂成诵。首先让学生在讲台上静态展示三人的方位，然后请一位同学现场讲解三人位置和动作，三人中要特别注意佛印的神态，苏东坡和黄鲁直的手脚位置，"佛印绝类弥勒，袒胸露乳，矫首昂视"需要用心表演。

二、绘画序列

语文课本包罗万象，融合了各学科的美和精华，这一点在诗词里面表现得尤为突出，不论是古体诗、近体诗还是现代诗，才华横溢的诗人们总会通过绝美的意境与读者产生心灵的共鸣，而作为一位语文教师，该如何引导孩子们去体味这美和情的共舞？不妨用上绘画。6本教材，我陆续在《使至塞上》《湖心亭看雪》《桥之美》《斑羚飞渡》等篇目用过当堂绘图，目前只有《使至塞上》有图片可忆。每一届我都会用我笨拙的画技给学生"表演"，已经记不清画了多少次。下图右下角的"印章"和王维的"评价"是学生下课后补充的，也算是画龙点睛之笔吧，偷乐了几天。

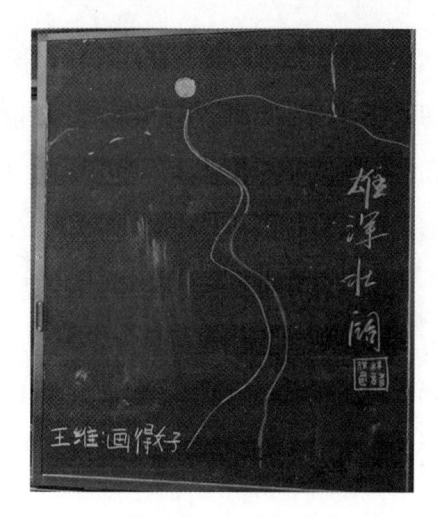

《使至塞上》演绎图片

绘画技法在语文学科运用最多的是板书设计，然而学生也会用到自己的学习中，曾经有一位同学在我面前背诵《小石潭记》，我发现她时不时地看手里的一张纸，我习惯性地以为她在"作弊"，结果她手里的纸片上是一幅图，居然是小石潭的游览路线图，我当时顿感惭愧。孩子说她看着图背诵起来非常快，这么高级的"看图说话"真的让人自叹不如。

三、音乐序列

语文文字的优美是其他学科无法比拟的，如果配上合适的旋律那更是绝唱了。前几年比较流行吟唱，无奈本人五音不全，粗喉大嗓难以演绎温婉绵柔的美，于是只能在课堂上让学生学习现成的曲调，如来自于诗经《蒹葭》的《在水一方》，来自李商隐《无题》的《别亦难》，还有李清照的《一剪梅》、李煜的《春花秋月何时了》等，在感受方块字的立体美的同时，来一点丝竹的惬意，这样的课堂甚好。

美，无处不在。语文，就是生活的大美，让我们用"艺"彩纷呈的演绎来热爱语文吧！

编者按

动态表演、静态展示、绘画、音乐,还有快板,吴边老师的课堂,就是如此地"艺"彩纷呈、与众不同。**学生通过各种方式去感受、体验、理解和演绎文学作品**,能够引发他们内心深处的情感共鸣,激发创造力和想象力,提升审美能力,让学习更加"有趣、有效、有意义"。

"**语文文字的优美是其他学科无法比拟的。**"吴老师对学科的自豪感跃然纸上。老师油然而生的自豪感,以及文中各种方式让学生深切感受到学科的美,是学生们真正爱上这个学科最根本的缘由。

打 赌

北京市第四中学　语文教师　刘薇

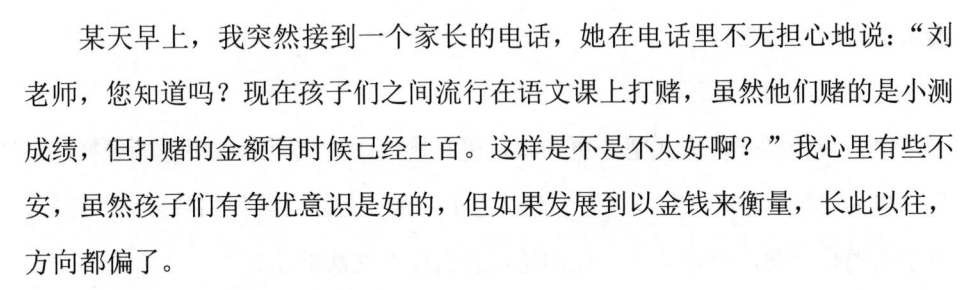

某天早上,我突然接到一个家长的电话,她在电话里不无担心地说:"刘老师,您知道吗?现在孩子们之间流行在语文课上打赌,虽然他们赌的是小测成绩,但打赌的金额有时候已经上百。这样是不是不太好啊?"我心里有些不安,虽然孩子们有争优意识是好的,但如果发展到以金钱来衡量,长此以往,方向都偏了。

放下电话,我开始想应该怎么办。

用金钱来赌博是一定要制止的,但如果只是在全班里提要求,就一定能起到遏制的作用吗?孩子们一方面觉得有趣,另一方面还会获得物质的利益,就还会在私下里进行。生硬的制止又无法监督。最重要的是,如果因此又抑制了孩子们竞争的意识和向上的劲头,那也是我不期望看到的。<u>怎样找个两</u>

久久回响
那些**有温度**的课堂故事

全的办法呢？

我想，对于孩子们来说，获得物质利益并不是目的，他们通过这种方式更多想要满足的是自己的好胜心或虚荣心，这种在学习上的好胜和虚荣在一定程度上是好事，可以帮助他们获得满足感，<u>如果他们能够得到这种心理上的满足，那么自然而然地就不会再看重物质上的获得。</u>

于是，我在下一次语文课前对同学们说："老师知道，大家现在都在拿小测打赌。"同学们都在会心地相互微笑示意。"我很高兴你们这样有好胜心，有斗志，有不服输的劲头。"同学们更快乐了。"但老师想问问，在这个过程中，最让你们感到快乐的是什么呢？"

"就是战胜别人的快乐。"

"认真准备之后有所收获，特别高兴。"

"有意思，很刺激。"

同学们七嘴八舌地说，我发现，确实很少有人提及，赌赢之后收获金钱给自己带来了很大的快乐。

我继续问："如果你赢了别人的钱，用起来很心安理得吗？这是不是你觉得最快乐的地方呢？"

同学们纷纷表示不是。

"那我们换一种方式吧，更刺激，更有挑战。这次小测，哪些人想打赌，你们告诉老师，告诉所有同学，小测试卷下发前一起统计，我们共同期待结果，下节课揭晓答案，公示天下。你们觉得怎么样？这次谁赌？"

同学们兴奋极了，当时就有5组大概18人报名。

语文课上，试卷下发后，<u>看着这些同学认真答题、凝神思考的表情，我觉得他们可爱极了。</u>

这之后，公开打赌的人数每次都在增长……

这之后，出现了多次满分平局的情况……

再之后，我们在语文课堂上开始创立多种多样的打赌形式。如男女生各一名角逐，如当场抽签较量，如小组和小组之间集体竞争……<u>最终收获的，是全班所有同学成绩的普遍提高和在学习上不断获得的满足感和愉悦感</u>。

● 编 者 按

学生们互相PK的好胜心，是不是好事儿呢？当然是好事！从某种角度而言，如果学生们不PK、不竞争、竞争得不够刺激，老师们就该着急了。如何帮助学生满足这种需求呢？**刘薇老师让竞争公开化，竞争结果是心理上的满足**，而不是物质上的获得，这不失为一种完美地激发学习内驱力的方式！

对于生活中的每件事，每个人都会有不同的处理方式。常常我们要追求所谓的"公平"，但是如果离开具体的学生、具体的需求、具体的情境，空洞地用"公平"二字处理问题是没有意义的，**有时候差异才是最大的公平**。因为，教育也不过是"人之常情"。

手 机 合 约

辽宁省大连东方实验高级中学 英语教师 金莹

小松，班里的佼佼者，但是他有些偏科，物理和数学成绩一骑绝尘，然而英语却是他的软肋，及格都困难。这个班级是我高三才接手的，既是英语老师又是班主任，因为半路接班，和学生之间几乎没有感情基础。

事情发生在开学不久后的一节习题课上，我正沉浸在讲课中，学生们全神贯注地听讲，突然一阵刺耳的手机铃声响起，有人没有交手机？！大家顺着手机的声音望去。原来是小松。早就听闻小松偏科的问题，<u>上课居然还不交手机！我感觉气血上涌</u>，有种难以抑制的冲动，想马上训他一顿。然而，看着小松慌乱无措的眼神，我稍微平静了一下心情，脑子飞快运转，这个时候，如果进一步，马上处理手机问题，可能会激化矛盾，本就不喜欢英语的小松可能会丧失学习英语的积极性。如果退一步，课后再处理，针对他的手机问题和英语偏科问题一并处理，也是个契机，正好和他好好沟通一下，一对一地单独交流，效果可能会好些。<u>进退之间，我选择了退</u>。于是我心平气和地说："手机交上来，下课咱们好好聊聊。"在接下来的半节课里，小松听讲异常认真。

这是一节关于英语七选五的专题课，我抛出问题后安排了小组限时讨论。小松坐在座位上，眉头微皱，双手托着下巴，仿佛陷入了深度思考。他的眼神专注而灵动，时不时抬头凝视着黑板，他的嘴角微微上扬，显露出思索的愉悦。

讨论结束后，小松主动举手，我也果断地把发言机会给了他。他用慢悠悠的语调阐述着自己的理解："1-3-1 模型，即段首设 1 个空，段中设 3 个空，段末设 1 个空。"我心里想，确实认真思考了，继续追问道："那么，是否所有的七选五都遵循这个模式呢？"小松思考片刻，说也不一定。

随着对话的深入，<u>小松越发投入，语速逐渐加快，眼神中闪烁着自信和激动的光芒</u>，不断补充细节，用具体例子和事实支持自己的观点，展示出对问题的深入思考。最后，他微微放松了身体，脸上带着满足的微笑，自信地看着我和同学们。我对他的回答给予肯定，教室里也响起了热烈的掌声。同学们看到了小松在课堂上的变化，<u>那些原本对英语不感兴趣的同学也挺直了腰板，主动参与到讨论中来</u>。

在小松的影响下，同学们三下五除二迅速总结出了七选五题目的七个解题技巧，令我赞叹不已，整个课堂充满了生机和活力。接下来进入实践训练环节，同学们运用自己总结的解题技巧展开实战，情绪高昂，学习效果自然特别好。

课后，我与小松单独交流，他主动承认了错误。我告诉他，承认错误还不够，还需要为自己的错误承担责任。于是，我将提前准备好的"目标任务书"递给了他，并说道："你可是我重点关注的学生，其他学科的成绩都很优秀，只要英语不拖后腿，冲击重点大学绝对没问题。我根据你现在的状态制订了这份周任务单，你在平板上按照我推送的任务学习，完成并过关后才算完成任务。我们先签订一个月的合同，合同期满并达成目标后，再考虑手机归还的问题。""金老师，咱俩这是签个手机合约吗？要一个月吗？能不能改成半个月？""您可得说话算话呀，到时候我完成任务了，您得还我啊。"小松和我各种讨价还价后，心服口服地接受了这个处理方式。事后，我也与小松的家长进行了沟通，他们对我的做法表示理解和支持。

在接下来的一个月里，小松的学习状态有了明显的改善，我每天在平台上单独给他推送的学习任务，他都能按时完成，英语学习成效尤为显著。更令人鼓舞的是，他逐渐从被动学习转变为主动学习，对英语的热情日益高涨。一个月后，我如约将手机还给了小松。

回顾和小松的"手机合约"，我感触颇多。课堂上发生这种事情，通常来说，老师会对学生严厉地批评，大声地呵斥，大张旗鼓地处理，但往往收效甚微。而且只是个别学生的问题，却耗费了宝贵的上课时间。更加重要的是，没收手机后，学生不一定能够真正改变上课状态，问题不一定真正得到解决。教育的初心不是发现一个错，就只纠正一个错，而是要借助学生的错误，找到解决问题的突破口，引导他们走向正确的方向，让学生看到自己更多的可能性，调动他们的学习积极性，让他们爱上学习。这才是我们所向往的教育。

● 编 者 按

"上课不交手机"这个问题，应该说全国的中小学都存在，非常普遍。在"气血上涌"与"心平气和"的进与退之间，金老师选择了退一步海阔天空。果然，这样做，反而让小松意识到自己的错误，课堂上投入而积极，自信而激动，主动"将功赎过"。

　　学生犯了错，我们可以抱持包容的态度，把这个错误视为改变学生的契机，给予他们改过自新的机会，通过恰当的引导"找到解决问题的突破口"，帮助学生成为更好的自己。陶行知先生"四颗糖"的故事是我们追随之楷模。金老师用睿智与关爱，唤醒并启迪学生的内心，让我们心生向往。

拿错了的惊喜

河北省廊坊市第三中学　数学教师　陈政宇

　　课外训练是日常教学流程中不可或缺的一部分，是课堂教学的延伸，是加深知识理解的关键环节。然而，总有一部分学生对课外训练不够重视，敷衍了事。尽管教师在课堂上的教学活动可以有效把控，甚至在面对突发事件时也能迅速作出应对，但在课外训练这一环节，不少老师显得力不从心，鞭长莫及。

面对这种情况我也曾苦无良策，深感困扰，直到一个晚上，我接到一个电话……

"陈老师，您好！我是李小小。今天发作业本时，我没注意，把杨子轩的作业本和我的作业本拿混了，这可怎么办呀？"小小的声音有些着急。

"小小呀，没关系，你就把作业写到子轩的作业本上吧，我让子轩把作业写到你的本子上，你们俩都写好名字，明天我会注意的。"我耐心地安慰。

小小迟疑了片刻，说出了自己的顾虑："可是……陈老师，杨子轩的书写很潦草，我担心他会把我的本子写乱了。"

"哦，老师理解你的担心，我会嘱咐杨子轩好好书写你的本子，正好你把作业写到他的本子上，给他做个示范，让他也好好学习一下，好吗？"我期待着小小能同意。

"那好吧，陈老师，那您一定要叮嘱杨子轩认真书写我的作业本呀，谢谢您！"

"放心吧，小小。"

……

李小小和杨子轩都是我班上的同学，两个人学习成绩相当，但是在做作业这方面确实有着云泥之别：小小字迹清秀，书写工整；相反，子轩的作业则是龙飞凤舞，随心所欲。和小小结束了通话，我赶忙联系子轩。

"您好！子轩妈妈，我是陈老师。子轩在家吗？我找他有些事情，您能让他接下电话吗？""子轩，你发现你的作业本拿错了吗？"

"陈老师，我发现了，我拿的是李小小的作业本，我的作业本应该也被李小小拿去了吧？"

"是的，刚才李小小联系我了，她也错拿了你的作业本，不过没关系，我让她今天把作业写到你的作业本上，你也把作业写到她的作业本上吧，备注好自己姓名呀。"

子轩有些犹豫："啊！那不好吧，她的作业本那么工整，而我的……"

"没关系，子轩，你就尽自己努力好好写一次，给同学留下个好印象，加油吧，老师相信你！"

"那好吧，老师，我尽力。"

第二天，作业本交上来了，我特别留意了李小小和杨子轩的作业本，结果让我大吃一惊，<u>子轩在小小作业本上书写的作业不仅完全正确，而且工工整整、规规矩矩，相较之前简直是天壤之别</u>，我特意将子轩的作业评为优秀作业，展示给全班，同学们连连称赞。我郑重其事地对同学们说："孩子们，从子轩的作业蜕变足以说明，其实我们每一个人都是有能力写好作业的，关键在于态度！字迹不仅仅是书写的反映，更是一个人思想、态度、性情的折射。所以写作业是一门艺术，打造好你的作业，就是打造好你自己的名片！你们觉得呢？"看到孩子们都不由自主地点着头，我也暗暗计上心头。

当天放学时，我抱着作业本来到教室："同学们，咱们来做个游戏——作业本大交换！今天大家的作业都要用别人的作业本来写，我会把作业本从背面随机发，谁也不要挑，作业完成后，记得署上自己的姓名。"我的话音刚落，教室里就开了锅：

"菩萨保佑，给我一本书写清楚的作业本！"

"写在别人的本子上，不认真写多丢人呀！"

"谁拿到我的本子可千万别说倒霉呀！"

……

<u>看着同学们几家欢喜几家愁的神情，我觉得既好笑又期待。</u>

大家都对这个"作业本大交换"十分在意，分发完作业本，我继续"添油加醋"："同学们，都已经拿到别人的作业本啦，用别人的作业本做作业，你的作业会作为你的名片保留在别人的作业本上哟，大家是不是应该给别人留下一张自己最好的名片呢？"

果然，第二天我发现同学们的作业整体水平大幅度提升。大家为了让班里同学对自己刮目相看都费尽心思地认真写作业，态度端正，作业质量明显提升，每个人都希望班里同学看到自己优秀的一面。

自此以后，课外训练在我们班不再构成困扰，同时，"作业本大交换"这一创新举措成为我们班一道亮丽的风景线。然而，课外训练是一项长期而持续的任务，需要我们不断地进行探索与研究，时常提醒并激发学生的主动性。我们期望，每一位学生的作业都能够成为他们人生旅程中的一张精致名片，永远璀璨夺目。

编者按

"拿错了"是意外，却带来了新的灵感与教育智慧。

教育需要正向的刺激。虽然社会、家长、老师等多种力量都在为孩子们的成长付出努力，但过度的刺激和重复的方式可能会让孩子们感到疲惫和厌倦。唯有精准地抓住孩子们的真正关切点和兴趣点，才能真正激发孩子的自我驱动力，让他们"费尽心思地认真写作业"。

> 教学过程中，一些看似无意识的行为和偶然的事件，经常会带来意想不到的结果。一本拿错的作业本带来作业质量的明显提升。重视日常工作的细微之处，**抓住偶然因素引发的惊喜发现和创新机会**，享受那些"非凡的巧合"！

老师，你慢慢来

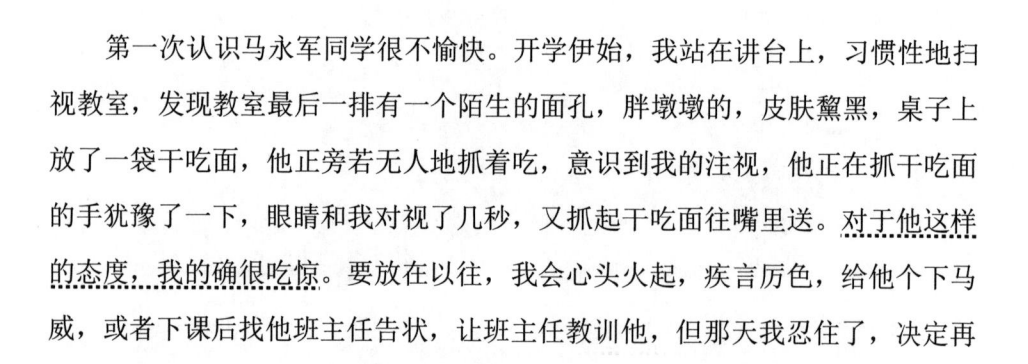

山西省永济中学　地理教师　吕芙萍

第一次认识马永军同学很不愉快。开学伊始，我站在讲台上，习惯性地扫视教室，发现教室最后一排有一个陌生的面孔，胖墩墩的，皮肤黧黑，桌子上放了一袋干吃面，他正旁若无人地抓着吃，意识到我的注视，他正在抓干吃面的手犹豫了一下，眼睛和我对视了几秒，又抓起干吃面往嘴里送。对于他这样的态度，我的确很吃惊。要放在以往，我会心头火起，疾言厉色，给他个下马威，或者下课后找他班主任告状，让班主任教训他，但那天我忍住了，决定再观察一下。

到了晚上自习，我去教室，踱到教室后面，发现他戴着耳机在听音乐，轻轻地走到他身旁，示意他把耳机摘下，将手机没收。

下课后，我回到办公室，他跟了过来，索要他的手机。听他说话，不像本地人，一问才知他是太原人，我心想他小小年纪背井离乡，大老远来永济上学，着实不容易。在课堂上吃东西，听音乐，一则习惯不好，二则是孩子初到一个新环境，有压力，他才在不合适的时间吃东西或听音乐来缓解压力。如果自己再给他当头棒喝，孩子更沮丧，更无助，也许会更不用心而自暴自弃。考虑到这些，我尽力克制情绪说道："你大老远来永济学习挺不容易的，很喜欢听歌？

我女儿和你年龄相仿，她喜欢听东方神起和河图的歌，歌声能缓解人的压力，让人精神愉悦，我也喜欢听歌。"他听我这样说，紧绷的神经放松下来，腼腆而又孩子气地朝我笑了笑。我一下子也没了怒火，和颜悦色问他："知道今天错在哪儿吗？"

"不应该在自习时间听音乐。"他面露惭色地说。

"喜欢听音乐咱们课下听，好吗？有机会，你给同学展露一下你的歌喉。"我仍笑眯眯地看着他。

"我保证以后再也不上课听音乐了。"斩钉截铁的语气下，他看我的眼神也明显柔和了很多。

我看着他的眼睛，相信他说的这句话是真的，赞赏地说："好，相信你！但还有件事也要改正，上课不能吃东西，那样子很不雅，也不尊重老师，好吗？"

他吐了吐舌头，头低了一下又迅速抬起，看着我的眼睛说："没问题，老师，我绝不那样做了。"

"嗯，好样的。从太原过来，可能会有点不适应，但你年轻适应能力强，很快一切都会好起来。地理课有问题及时联系老师，好吗？"我关切地叮咛。

"好，谢谢老师。"他满脸都是孩子气的如释重负和欢愉，脚步轻快地走出办公室。我心里很清楚，这样远途转学的学生一般学习习惯不太好，而且积习难改。

第二天我上课，眼睛往后一扫，看见他挺直腰背坐在座位上，似乎做好了一切上课的准备。这个状态不像他前几节课，趴在桌上，头枕在胳膊上随时欲眠的样子。他的精神抖擞让我不由冲他一笑，他也回我一个灿烂笑容，我们俩心照不宣。

开始讲课，我在黑板上出了几道地理题目，询问谁上来回答这些问题，自觉自愿。他迅速离开座位，一路小跑到黑板写了答案，但却写错了，引起同学们的哄堂大笑，等学生笑声平息，我看看他，又对着全班同学说："学习是一个慢慢积累、突破的过程，相较于胆怯不敢登上讲台的同学，马永军同学已经迈出了关键的一步，咱们鼓励他一下。"马永军脸上露出有点惭愧却非常开心的笑容，他的确战胜了他自己，对生活、对学习又产生了新的期待。

还记得一次上课，教室后边的饮水机漏水，滴滴答答，他向我反映："老师，饮水机漏水，找不见关水阀门，我只好用瓶子接起来。"我这才看见教室后面的桌子上放了一排瓶子，里面都装满水，真难为这个孩子，我答应他找后勤处管理员反映情况，让他们尽快修理。我心想这个孩子真是个细心、有责任、有担当的孩子，在过分关注孩子学习成绩和特长的现今，孩子能有这样的品质是极为可贵的。我当着全班同学又一次表扬了他。之后的课堂上，他都积极配合我，尽管回答问题时还是错漏百出，但他尽心竭力，而且一次比一次有进步，地理思维也越来越好。

高三的课复习课较多，若再重复课本内容，既枯燥又耗时。因此，我上课时尽量将复习内容转化为问题，使问题情景化、综合化，鼓励学生多思考、多分析，让学生在课堂上成为真正的思考者、提问者和讨论者，培养他们的思维能力和解决问题的能力。很快，有些学生就能适应这样的方法，愿意挑战自我，可仍有学生害怕答错、害怕出丑，仍习惯被动接受知识。

有一天，我把问题在黑板上写好，马永军和同学们都凝神思考，不一会他就上来写答案，因为每次都有或多或少的错误，所以有几位同学还是在他走上讲台时发出笑声，但他很淡定、从容地写出答案。讲评时，他的答案全部正确。我欣喜地看着，让全班同学为他鼓掌，为他的坚持，为他超凡的勇气，也为他的精彩。我对学生说："这一学期，让同学们自愿上讲台回答问题，有些同学至今都未登上讲台，害怕失败，害怕丢人。我也害怕失败，但有机会我还是愿意挑战一下自己，否则就不知自己有多大潜力。只有敢于挑战自己，才能超越自己，马永军就是这样一位同学。请同学们记住：课堂、讲台应该是属于你们的，不要害怕尝试；不论你犯了多少错，或者你进步得多慢，你都走在了那些不曾

<u>尝试的人前面</u>。"自此，有更多的学生参与进来，他们也慢慢尝到自主思考的快乐。

清晨，我有晨练的习惯，但学生因学业紧张，鲜少有人参与。有天早上，在操场上，我看见一个身影笨拙地移动过来，走近，才看见是马永军，他腼腆而又欢快地向我问好，我也朝他挥挥手："加油啊！"

回顾马永军的转变，从开学的消极厌学，到如今的专注听课、积极回答问题、积极锻炼，学会学习、生活，学会安排自己的时间，真是人生的一个逆袭啊！倘若自己当时没控制住情绪，打着为他着想的幌子劈头盖脸训他一顿，估计他会更沮丧和无助，甚至产生逆反心理。庆幸当时的自己能冷静克制，耐下心来，<u>等着学生的转变，等着学生的成长，这也许是世界上最美的花开，最华丽的转身</u>。

回顾过往，年轻时我也会通过严苛及近乎疯狂急迫的班级管理，取得一些骄人的成绩。在成绩为王的时代，这种方法看起来很"高效"，但是和毕业后的学生交流，发现学生对我是那样害怕。这才让我反思，我的教育成绩的获得，掺杂了太多的冷酷、强压和威吓，根本就谈不上成功，真正的内在的幸福，也许就在我们平时的点滴教学细节之中，在用心和学生交流的涓涓细流之中。

● 编 者 按

课堂教学要重视学生"学的过程"而不仅是"获得知识"，经历过"学的过程"所获得的本领才真正是学生自己的本领。因此，**课堂上如何引导更多的学生参与课堂互动**，尤其是对那些游离于课堂之外的学生，不失时机地引导、鼓励、悦纳他们，让他们有勇气迈过那些学习或者人生的坎儿，成为一个眼中有光、脚底生风、内驱力十足的孩子，才是教育该有的样子。这些都需要**合适的契机、阶梯的搭建、逐步的引领**，急不得，急不来！

蓄谋已久的生病

四川省绵阳东辰聚星学校 数学教师 杜虹利

张爱玲说过，教书很难，又要做戏，又要做人。短短几个字道出了作为老师的艰辛与责任。在教育这条道路上，老师不仅要传授知识，更要引导学生树立正确的价值观，促进学生全面发展。俗话说，父母之爱子，则为之计深远，而师者，爱生必为之计深远。

那什么是老师的"计深远"呢？

我理解的"计深远"就是要在教育教学过程中，从学生的长远发展出发，关注学生的身心健康和个性发展，因材施教，培养学生的独立学习能力和综合素质，强化学生的道德素养，为学生的未来发展奠定基础。

那怎样才能做到老师的"计深远"呢？

从教十余载，我遇到过很多会听讲的好学生，善于倾听教师讲解的学生眼里是有光的，而那些能站上讲台讲课的学生无疑是我心中更加闪亮的光。能够站在讲台上，用自己的语言将知识分享出来，不仅表明他们具备扎实的学习基础，还能锻炼学生的沟通表达能力。事实上，能讲课的学生往往在后续成长和人际交往方面都有优异的表现。

近日，流感病毒猖獗，是个不错的"机会"，不施粉黛戴着口罩的我显得格外憔悴，缓慢地走进了教室，开始了我的"表演"："孩子们，最近流感病毒肆虐，大家要注意戴好口罩，做好防护。"说完，我故意干咳了两声，感受到前排一个女生投来关心的目光后，我又装得有气无力地说："今天的练习册可能老师没办法讲评了，有没有同学能帮帮老师的忙，给大家讲讲，帮助同学理解。"然而同学们面面相觑，一片沉默，一个发言的人都没有，我心里一紧：一方面

贰 活力四溢 展现别样风采的课堂

担心今天的教学策略要落空，另一方面也有些失落，幸好今天是装病，哪天若真的生病，是否还得强撑着身体把课讲完？<u>一阵复杂心理活动后，我不死心</u>，继续说道："临近期末了，我讲过的典型解决方法不少同学还不够熟悉，老师有些担心啊！"我见势又咳了几声，终于，几只小手从人群中冒了出来，我像抓住了救命稻草一般，异常激动地邀请他们上台。经过简短的分工，孩子们按顺序基本完成了练习册中前面易错题的讲评，来到最后一道难度较大的题目。这道题班里错的人不少，是本节讲评的重点与难点，好几个同学的错法都是有讨论价值的，小洛勇敢地站了出来，主动承担起讲解重任。我提醒同学们："同学讲题与老师讲解还是有区别的，大家要悉心倾听，尊重他人，这不仅关乎成绩，更关乎品质。"在我的引导下，同学们纷纷坐直身体，聚精会神地聆听小洛的讲解。

小洛既紧张又充满激情，语速较快，但声音清晰洪亮。讲解完毕，他眉目舒展等待我的肯定，我画风一转，询问同学们"还有问题吗？"我期待犯了典型错误的同学大方提出自己的疑问，但这个期待似乎过高了，无人举手，还是我来抛砖引玉吧，我高呼："我有疑问……"大家的目光都转向了我，我做出一脸质疑的神情说出同学们的典型错误思路，有好几个同学附和着点头："对，我就是这样想的！"哈哈，一看就是"掉进陷阱"的同学。小洛先是一愣，随后迅速调整思路，条理清晰地解答了我的疑惑。正准备松一口气，我猝不及防又接着追问，他毫不畏惧继续接受我的"刁难"。<u>就这样几个来回，感觉我俩在参加激烈的辩论赛，</u>几轮交锋完毕，同学们不自觉地爆发出阵阵掌声。

课后，我问小洛，会不会觉得老师故意在同学们面前为难你？想让你出丑？小洛表示不会这么认为，但好奇地问我："老师我感觉您提问的时候声音很大，您是真的生病了吗？"我调皮地眨了眨眼，说："秘密！"

"哦！哦！"他心领神会地抿着嘴笑了。

事实上，策划让学生讲课远比老师讲课难度要大，从效率和效果来讲也会

43

打一部分折扣，偶尔还会因为同学的表现不够积极而感到被动，但是我愿意在适当的时机坚持锻炼学生。小洛在这节课上展现出来的逻辑思维表达能力和应变能力，以及同学们认真倾听肯定他人的品质，都让我备感欣慰，让这堂课很有意义。

我想以后不用再装病啦！

编者按

适度的递进式追问，有助于引导学生深入思考并激发其创造力。当教师有针对性地追问时，不仅促使被问的学生深入思考，其他学生也会更加专注于课堂，积极参与讨论，进而提升整个课堂的教学效果和研究深度。

从知识之师、技能之师到心智之师，教育者任重而道远。作为启迪心智的引路人，教师的角色在不断转变。鼓励孩子们敢于分享、善于沟通、走出舒适圈，**"走到人群中去发光"**，将对孩子们一生的成长和职业发展都产生积极的影响，可能为他们创造更多的机会和成就，助他们实现个人的价值和梦想。

神奇的 AI "化妆师"

辽宁省大连东方实验高级中学　英语教师　金莹

AI（即人工智能）宛如神奇的魔法，悄然融入我们的生活和学习，为教育教学注入全新的活力。在今天的英语作文课上，我化身为一位导演，策划了一场奇妙的冒险，引导同学们领略科技与创新的魅力。

首先同学们分析了一篇关于小明过生日的范文，之后分小组讨论，每个小组都变身为生日聚会的策划大师。教室里瞬间热闹非凡，同学们像一群叽叽喳喳的小鸟，兴致勃勃地发表着自己的想法。你一言我一语，讨论得热火朝天。

有的同学激动地挥舞着手臂，提议："我们肯定要准备一个大蛋糕，上面插满蜡烛，让小明许愿！"另一位女同学补充："还要有彩色的气球和漂亮的彩带，把教室装扮得像童话世界一样！"这时，一位平素文静的同学轻声说道："我们为小明邀请一位特别嘉宾，给他一个惊喜，或者我们组织个电影派对吧，小明喜欢看电影。""哇，这个有创意。"大家纷纷欢呼，对这个建议表示赞赏。

讨论结束后，同学们开始在练习本上创作作文，个个都下笔如有神。接下来，我将部分同学们的作品输入 ChatGPT，大屏幕上开始展示，ChatGPT 像一个神奇的"化妆师"一样，给作文进行华丽的变身。

同学们瞪大了眼睛，紧紧盯着屏幕，对 ChatGPT 的修改过程充满了好奇和期待，眼睁睁看着 ChatGPT 一行一行地输出文字，前面输出比较慢，后面速度加快，转眼之间，把一位同学的作文润色完毕了。只见修改后的文字变得更加流畅，词句的选择也更加精准，部分环节的扩写让作文更加饱满。同学们惊讶得合不拢嘴,尽管他们对 ChatGPT 并不陌生,但在作文课上亲眼见证它的神奇,这还是第一次。

各小组的代表们纷纷走上讲台,化身为一个个"小老师",认真分享着他们的发现。有的同学像侦探一样,指出 to begin with、furthermore、lastly 这些连接词让句子变得更加有条理;有的同学宛如语言学家,分析着 To add more fun and laughter to the event 中不定式的用法,强调了目的性;还有的同学好似美食家,品味着 a grand feast 相比 a big meal 更加高级的味道……各小组的发言精彩纷呈。在这场沉浸式的探索中,同学们深度剖析对比了修改前后的作文,进一步领略了语言表达的微妙之处。

讨论过程中,听到有同学小声嘟囔:"我刚刚输入,高中学生在学校要过生日,让他直接生成一个策划案,你看你看,看上去挺完美。""我也试了,和你的不太一样……"学生们在自己的平板上,各种忙不迭地探索。

下课铃声响起,同学们仍沉浸在 ChatGPT 的神奇世界里,兴奋地讨论着,仿佛发现了一个宝藏。这节课的作业是要求同学们结合 ChatGPT 提出的建议,让自己的作文经历一次完美的蜕变,完善修改。在分析和修改文本的过程中,同学们的思维变得更加清晰,思路更加开阔,ChatGPT 的修改就像一股清风,吹来了新的思考。而在自我探索的过程中,同学们也深刻认识到,人工智能犹如一把双刃剑,一方面能够帮助自己,另一方面也会让自己被淘汰。

回顾这节英语作文课,我仿佛是一个冒险家,尝试了全新的教学方式,同学们则是我勇敢的伙伴,一同在知识的海洋中畅游。课堂氛围非常活跃,同学们展现的创造力和团队合作能力,宛如璀璨的星星闪闪发光。

在课后反思时,我也发现了一些需要改进的地方。下次在引入 ChatGPT 之前,我要先当一位贴心的导游,详细介绍这个人工智能技术,告诉同学们在作文修改过程中如何运用它。这样,同学们就能更好地理解和参与其中。另外,我在教学设计中有些过于依赖 AI 技术,没有充分发挥同学们的主动性和创造力。今后，我会增加更多的互动环节，让同学们成为舞台上的主角，尽情展示自己的才华，而不仅仅是作为 AI 技术的观众。

总的来说，这节英语作文课是一次充满惊喜的冒险，ChatGPT 是一位令人惊叹的"化妆师"，让作文发生华丽蜕变，<u>引发学生深度分析，不仅让学生体验到科技的魅力，也让学生领略到语言的魅力，感悟到团队合作的魅力</u>。

编者按

科技点亮生活，教育焕发新生。**将 AI 与英语作文教学巧妙融合**，引领学生开启奇妙学习之旅。学生们剖析对比 AI 修改前后的作文，思路更加开阔，也领略到语言表达的微妙之处。高效的人机交互带来了全新的学习体验。

数字化时代，信息科技提供了更加丰富多样的教学资源和工具，提供了智能化、个性化的学习模式，提供了跨地域、跨时空的学习机会。教学过程中，**恰如其分地利用科技，可以提高课堂的趣味性、互动性、有效性**。正如教育部部长怀进鹏近日所述："实施人工智能赋能系统，促进智能技术与教育教学有机结合，让每个学生成为最好的自己。"

学科之美

叁 绽放独有魅力的课堂

　　每个学科各有魅力，这一点毋庸置疑！在教学过程中，如果能充分展示出本学科的美妙之处，学生便能更深刻地领悟和欣赏学科的内涵与精髓。这不仅有助于加深学生对学科知识的理解，更有利于激发其好奇心和探究欲，点燃学习的热情和动力。这种状态无疑会让孩子们深深地爱上它，培养学生对学科的热爱之情至关重要！

故事视频

广东省阳春市实验中学　李剑镔老师

小说家的智慧

北京市第四中学　语文教师　刘薇

今天要讲《智取生辰纲》。走进教室时，我就感受到了学生们身上的懈怠。是啊，《水浒传》学生在初二时就已经读完，作为《水浒传》的经典情节，故事的内容学生早就很熟悉了，他们还能对课堂有什么期待呢？

"题目中的'智取生辰纲'说的是谁的智慧啊？"

"吴——用——"

这个没有什么技术含量的问题，换来的是学生拖着长腔、有气无力的回答。

"那他的智慧体现在哪里呢？"

我看到，有几个孩子坐直了身子，打开了课本。

"他设计了一个巧妙的计策。"

"什么计策？"

"就是把蒙汗药下在了酒里，把杨志他们都麻翻了，然后劫走了生辰纲。"

其他同学也频频点头。

"那么大家听了这个故事，有什么感受呢？"

"吴用太聪明了，设计了这个奇妙的对策。"

"杨志挺可惜的，到最后还是没坚持住。"

……

大家七嘴八舌地发表着意见，我也安静地等着他们讨论结束。声音慢慢低下去了，我开始问他们："如果小时候听大人跟我讲这个故事，或者我看了《水浒传》的电视剧，我对这个故事的感受和刚才大家说的这些会有不同吗？"

久久回响
那些有温度的课堂故事

同学们有点犯愣，然后纷纷摇了摇头，"应该没有什么不同吧！"

"那今天我们学习的可是一篇小说啊，我们是不是应该学到些不一样的东西呢？"

大家似乎有些明白了，我们要学习的是一个文学作品，不能只是当一个好玩的故事去理解。"那我们还能学什么呢？"有个学生忍不住问了。

"大家想想，吴用这么聪明，可这个人物是谁创造出来的呢？"

"施耐庵。"

"所以真正聪明的是……"

"是施耐庵，是作者！"

"对了！小说中的所有人物、所有故事都是作者创作出来的，所以真正聪明的是作者！今天我们就试着模拟一下作者的思维，看看他是怎样一步步构思出这个精彩的故事的？他都经历了哪些心路历程？我们也感受一把创作的艰辛和乐趣。"

"老师想找一位同学扮演施耐庵，其他同学给他些干扰，甚至是'刁难'，看看一位出色的小说家是如何构思出一篇精彩的故事的。"

小 A 同学自告奋勇，"施耐庵"坐在了讲台前，开始了他的创作。

片段一

"好，我现在要开始写杨志丢失生辰纲的故事了。我打算让吴用他们用下蒙汗药的方式去劫走生辰纲……"

"不对不对，"下面马上有学生提出了反对意见，"他肯定不是一下子就想到用蒙汗药的方式的，"那他应该先想什么？"小 A 有点不服气。

"他应该先在智取还是强夺中做出选择。"

"哦，好像是这么回事儿。"下面的同学也跟着点头。

"那为什么不能强夺，得智取呢？"有同学提出了新的问题。

教室安静了一会儿。

"强夺并不能保证一定成功。因为杨志的武功特别高强，而他们虽然有七个人，但并不是人人都会武功，所以强夺并没有必胜的把握。"

"另外，强夺一定会受伤，不仅是他们自己受伤，如果他们想要成功，也许得杀死杨志，但是他们并不想杀杨志，而是希望杨志上梁山。"

"智取应该是成本最低的方法。"

片段二

"最大的问题是不管你用什么样的好办法，杨志就是不喝酒怎么办？"一位同学说。

话音一落，大家都沉默了。

小A说："看来最重要的就是要想想，怎么样才能让杨志最终喝下这碗酒。"

"所以要扮成两路人，要他们相互配合来迷惑杨志。"

"而且这七个人还得先出场，不然白胜一个人出场就太容易让别人怀疑了。"

"下药的时机还非常重要，如果一开始就下好了药，岂不是把这几个人也给麻翻啦。"

全班都大笑了起来。

"那这个下药的时机到底选在哪儿呢？能不能少了刘唐的那一瓢？"

"不行不行，如果没有那一瓢，那他们只是喝了其中的一桶酒，他们必须让杨志看到另外一桶酒也是安全的。"

"哇，这个计策真的是太缜密了！"

眼看大家的构思就要结束，我不失时机地又补了一句："这个计策确实非常优秀非常严密，但是，如果杨志就是不喝，你又有什么办法呢？"

小 A 若有所思地说："看来，不仅仅是卖酒的这一方要演得好，杨志这边也得下下功夫。"

"怎么样才能让杨志喝酒呢？"班里又慢慢陷入了沉默。

突然一个学生喊："我知道了！<u>就是要制造矛盾，让杨志处在一个不得不喝酒的境地里。</u>"

"哦……"其他同学慢慢也回过味儿来，"所以才会有厢禁军，才会有老都管，他们都是为了让杨志喝酒啊……"

片段三

多轮的设计和讨论之后，故事已经大致成形。

扮演小说家的同学就要下台。我拦住了他，"故事只在脑子里还不行啊，还得写下来，这可不是一回事儿啊！"

同学们都有点意外：有了故事不就可以了吗？写还有什么难的呢？

"你想想看，从哪儿落笔是不是得想想，是先写杨志呢还是先写吴用呢？"

同学们想了想。"得先写杨志，吴用的计划不能那么早就写出来，不然就没有意思了，读者就没有期待了。"

"那写杨志都写什么呢？他就是在路上行走，有什么好写的呢？"

同学们想不出来。"那我们就向优秀的小说家学习吧，我们来看看施耐庵是怎么写的呢。"

<u>大家充满期待地打开书，把头埋在了书本中，不时小声交流着，不断地露出一些恍然大悟的表情。</u>

"怪不得书里写了很多厢禁军、老都管呢，我原来还想，施耐庵怎么这么啰唆，这里一点也不精彩。现在才发现这都是要为后面的情节发展做铺垫呢，

要不是他们和杨志的矛盾升级,杨志肯定不会轻易就中了圈套。"

"我觉得老都管的角色设计得也特别地妙。他看起来像是调解矛盾的,但正因为他的存在,矛盾才激化和升级。"

"作者特意把矛盾的升级打造成三个层次,形成了一种螺旋式上升的态势。"

……

在扮演小说家的过程中,随着问题的深入,教室里不断掀起高潮。更重要的是,学生们渐渐意识到,<u>小说是有一套独特的话语体系的。从人物的设计到情节的安排,从详略的取舍到线索的明暗,从叙述的角度到表达的方式</u>……学生渐渐觉得自己真的是在欣赏文学作品,学到的是文学鉴赏的方法,而不仅仅是像小时候一样看个热闹罢了。

在读其他的小说时,学生明显认真慎重了很多,也许他们那时都变成了一位位小说家,各种线索情节正在自己思想的海洋里遨游呢……

● 编 者 按

怎样把"小说"当作小说来教,是每一位语文教师应该思考的问题。小说不同于其他文章,小说的教学需要与其他文体不同的教学思路和方法。而往往学生读小说只是读个热闹,"故事好,有意思"就是对小说的唯一评价。教会学生阅读和鉴赏小说的方法,是语文教师必须承担的责任。

刘薇老师探索了一种非常棒的教学思路,"假如我是小说的作者",引导学生换位思考,再以细节问题,推动换位思考的不断深入,**让学生切身体验到小说情节、人物、环境等关键元素的构建过程**,领悟到小说创作的神奇。

不翼而飞的文字

浙江省诸暨市浣东街道城新小学　信息科技教师　俞碧文

"俞老师，我刚编辑好的文字突然不见了，这是怎么回事呢？"安静的课堂突然被一个声音打破。我抬头看到小姚同学紧紧地皱着眉头，一脸疑惑地盯着显示器，小脸蛋涨得通红。听到小姚的疑问，坐在他后面的小周同学也立刻附和道："是的，是的，我刚才也遇到了同样的情况，不得不重新输入内容。"孩子们的声音中透露出对未知的好奇与探索的渴望。

瞬间，教室里多了一些窃窃私语的声音，我看到不少孩子还沉浸在在线编辑平台上输入他们近期最喜爱的书籍名。我微笑地看着小姚，并没有直接给出答案，而是鼓励他自行探索："遇到问题时不要慌张，先尝试一下是否能用学过的本领解决这个问题。同时，也可以和同伴交流一下，看看是否有同学也遇到过类似的情况并找到了解决方法，也许同伴能帮助到你。"

小周同学迫不及待地跑到小姚的旁边，两个人盯着在线编辑平台的界面开始尝试着"破案"。我特意留意小姚同学，他的嘴角逐渐有了一丝笑意，当我再次点到他时，他兴奋地分享了自己的新发现，自信地解释了之前文字"不翼而飞"的现象："如果我们在编辑时不小心选中了别人正在编辑的区域，就会修改他们已经编辑好的内容，导致他们的文字不见了。"听了小姚同学的回答，我毫不吝啬地送给他一个大大的赞，并高声对全班同学说："同学们，小姚同学的回答非常精彩，我们应该向他学习，勇于探索，敢于分享！"

小刘也迫不及待地举手说："老师，我也有一个新的发现，这应该是在线编辑的优点，我们还能看到其他同学输入的文字，这样我们还能知道别人喜欢看的书有哪些呢。"听到小刘的回答，我及时给予了肯定："小刘同学观察得很仔细，这正是在线编辑的一个优势，让我们能够实时看到他人的编辑内容，方便我们进行线上交流和合作。"然而，小姚同学仍然带着一丝疑惑："可是，老师，为什么我的同桌正在输入的文字在我的电脑上却看不到呢？"我意识到这是一个很好的教学契机，于是引导孩子们进行同桌合作测试，一个同学输入文字，另一个同学观察两台电脑上的变化。

三分钟后，教室里逐渐开始沸腾，出现了你一言我一语的讨论声，我注意到小姚同学脸上带着大大的笑容，再一次问他："有啥新的发现吗？""嗯嗯嗯……"他用力地点点头，随后大声地向大家解释道："原来，在线编辑有个特点，就是当我们在编辑文字的时候，这些文字是不会显示在其他人的编辑界面中的。只有当我们编辑完成并确定后，文字才会显示出来。"在那一刻，掌声如潮水般涌起。这掌声或是孩子们突破自我、解决问题的喜悦，抑或是同伴间相互帮助、共同成长的欢欣。虽然这样的课堂节奏略显缓慢，但它却如同一首优美的诗篇，充满了孩子们的笑声与掌声，成为他们心中美好的记忆。

身为一线教师的我们努力地设计着孩子们喜爱的课堂，在这里，每一个孩子都是课堂的主角，他们用自己的方式书写着属于自己的故事，编织着属于他们的快乐时光。像小姚这样的孩子还有很多，我们要做的，应该是保留住孩子们的好奇心与探索精神。不要直接揭开答案的面纱，而是巧妙地让孩子们自由自主地想象和探索，相信每一个孩子都有破解难题的智慧，只是需要更多的时间和空间去发现、去实践、去感悟。

编者按

这个故事凸显了信息科技学科教学的特点，在这个数字化日益重要的"互联网+"时代，孩子们课堂上的学习体验也在不断地更新与变革，实时操作软件，协同编辑，在动手实践中提升学生的数字素养。

> 如何保留住孩子们的好奇心、想象力和探求欲？在孩子们提出问题时，不要直接揭开面纱，而是鼓励孩子们自行探索，让孩子们敢于面对问题，勇于尝试，乐于分享，享受解决问题的喜悦，**感受共同成长的欢欣**。更进一步，如何创造一个充满挑战与探索的学习环境，是我们要深入思考的。

深思·建模·突破·创新

广西壮族自治区桂林市国龙外国语学校　化学教师　杨建新

2024年3月6日我上了一节校级公开课——"大π键的认识、书写及应用"。这个知识点可以说是非常难的，很多物质的大π键，不仅学生们写不出来，甚至部分化学老师也写不出来。所以，很多老师碰到这个问题往往避而远之。然而，2017年全国二卷与三卷都考了大π键，而且难度较大，我钻研了好久也不能完全理解透彻，要很久才能写出来。同行们也都说这个太难了，除了参加竞赛的孩子可以做出来，其他孩子很难做出来。但它一直是我的一块心病，怎么能让孩子们理解掌握呢，我日思夜想！

解决这个问题的契机出现在2023年7月，我担任孩子们的化学竞赛教练，心想必须要彻底弄清这个问题。于是我研读了大学无机化学，请教了大学老师及其他化学竞赛教练，再结合自己的思考，终于感觉有所突破，能够比较快速地写出常见物质的大π键形式了。自己理解是第一步，通过与孩子们的思维碰撞，引导学生们讨论大π键的形成条件，进而建构起书写大π键的思维模型才是关键。

恰逢开学初学校组织校级公开课，我想教学进度正好合适，虽然这节课的难度比高考还要大，甚至桂林市没有哪位老师上过这么难的公开课，但我已经足足准备了半年多时间，对这个知识点胸有成竹，而且公开课自然而然产生的紧张感，可能也会激活学生们的思维，估计会有意想不到的收获。相信功夫不负有心人，于是我第一个报名，挑战自己，用这个知识点上公开课。

课堂导入部分，我从近几年有关大π键的高考试题入手，引出大π键的定义，简单讨论了形成条件。与学生互动分析了硝酸根离子的大π键书写，以不太难的硝酸根离子为范例，引导学生归纳出常见物质大π键书写的六个步骤与方法。之后，和孩子们一起把书写步骤用文字方式写在黑板上，把思想落实为文字。

四、观念建构——大π键的书写步骤

1. 确定中心原子杂化类型
2. 端基原子一般与中心原子杂化类型一样
3. 根据结构确定σ键个数及孤电子个数和p轨道形成π键电子数
   π键电子数=价电子数-σ键个数-孤电子个数+阴离子电荷数（或-阳离子电荷数）
4. 阴离子（外界）的电子数形成π键
5. 确定 π_m^n
6. 学会用等电子体解决较难物质的大π键

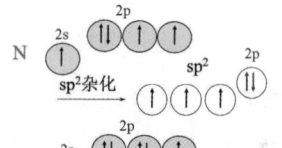

【师生互动】NO_3^- 大π键的书写

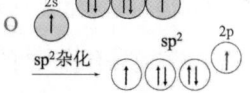

外界：1个电子形成π键

然后练习一些常见物质如 CO_2 分子、CO_3^{2-} 阴离子等大π键的书写，来拓展应用，巩固这个知识点，这时大部分同学已经能够写出来了。"这个难度已经超过高考大π键试题的水平啦，全国大概只有不到十分之一的考生能做对这类题。"开始时还放不开的学生们，能写出中等难度的大π键，感受到自己的进步，学生们也越来越敢下手了。

我继续激励孩子们，"已经搞定高考卷的你们，已经超越了部分化学老师的你们，还有更多的困惑，想接受更大的挑战吗？"文同学马上举手："老师我想

知道阳离子怎么书写大π键？"我心中一惊，这真是挑战呀，半年前，我自己也写不出来呀，好在是现在的我，这孩子思维相当敏锐呀。我故作镇定地提问："这真是一个好问题啊！一个很有挑战性的问题，同学们好好思考一下，怎么处理阳离子啊？"

安静片刻之后，刘同学说："既然阴离子的电子形成大π键，那么阳离子一定是失去电子，可能不形成大π键。"学生们有的点头认可，也有的比较茫然。于是我进一步提问："你怎么知道是失去电子，又是哪个原子失去电子？"经过我的引导及大家的热烈讨论，最后一致得出结论：阳离子是中心原子失去相应的电子，剩下的电子参与杂化，未杂化的电子形成大π键。"刚刚这个结论，高考目前都没考过，是大π键相关最难的知识点了，你们居然也搞定了，老师真心为你们骄傲。"学生们纷纷鼓掌，刘同学的脸红扑扑的，有些激动，有些兴奋。

至此，从不太难的硝酸根离子，到常见物质，再到非常难的阳离子的分析，学生们书写大π键的完整思维模型已经建立起来了，强烈感受到知识的收获感，学生们兴致更高了。看到学生们脸上满意的笑容，我笑得比吃了蜜还甜。这节课真是酣畅淋漓！

最后我引入一道曾经做过的练习题以迁移应用，深化认识：1,3-丁二烯(CH_2=CHCH=CH_2)分子中含有9个σ键、2个π键，这个结论对吗？马同学毫不犹豫站起来说："这不是我们4节课之前做过的题吗，是对的啊！"我问："大家都认可马同学的观点吗？"曾同学说："我认为没有两个π键了，是一个大π键。"我随即提问："那大π键是怎样表示呢？"这个题目并不难，曾同学一下子就想到了正确答案：π_4^4。我再次问马同学："你觉得曾同学的说法对吗？"他不好意思地说："曾同学理解得非常好，发现存在大π键之后，和曾经的仅仅是π键就不同了。"

看到时机非常成熟了，我就抛出一个问题："为什么同样一道题，以前马同学说的答案是对的，现在这个答案又不对了？从中大家能知道什么？"片刻之后刘同学解释:"以前没有学过大π键,所以马同学的答案没有问题,但是我们现在学习了大π键,应该要有更进一步的理解与认识。"于是我趁热打铁,继续追问:"哪个概念我们初中认为是对的,但到了高中就不一定对了?"马同学反应最快:"燃烧,燃烧初中要有氧气参加,但高中就不一定需要氧气参加。"我微笑着说:"刘同学与马同学说得太有道理了,我们要用发展的观点来看问题,随着知识的进一步学习,有些观点现在是对的,但到大学就不一定对了。"随后我在课件上呈现这节课的小结——要用发展的观点来看待与分析问题。

下课铃声响起,整节课的高潮与深思也随之结束。下课后,我们化学组的同仁们也特别兴奋,"杨组长,您这节课,学生们的思考深度,完整地书写大π键思维模型,别的不敢说,在桂林市绝对是遥遥领先了,向组长学习!"副校长也说,"突破创新,榜样示范。"我非常兴奋,"大π键,终于拿下了!"

编者按

选题难度大于高考的公开课，对于师生都是很大的挑战，然而，建新老师认为公开课自然而然产生的紧张感会激活学生们的思维，果然带来了意想不到的收获。通过老师的钻研、设计与引导，学生得以深度思考，建构起书写大 π 键完整的思维模型，实现了教学突破，促进学生核心素养的创新培养，**完成了"深思—建模—突破—创新"的飞跃，帅气！**

对于部分化学老师都写不出来的大 π 键，建新老师从简单的硝酸根离子入手，引导学生归纳出大 π 键书写的步骤与方法，再用中等难度的常见物质练习巩固，最后到复杂的阳离子，由易到难，一步步建构起书写大 π 键的思维模型。学生也从开始的放不开，到超越高考难度，再到搞定最难知识点，一步步感受自己的进步，**经历"我不行—我还行—我这么牛"的心路历程，得到满满的获得感。让学生的求知欲，燃烧！**

化学物理学科掐架

山东省招远市玲珑镇罗山初级中学　化学教师　杨明河

（现任教于山东省招远市罗峰学校）

初中化学知识多而杂，需要背诵的知识点比较多，有人说化学是"理科中的文科"。有些实验，孩子们容易发蒙。物理也学过类似的知识点，到化学再用，就会互相混淆。

学习天平这节课时，孩子们要用托盘天平称出 5.2 克食盐，发现天平指针向左偏转，应该添加砝码还是移动游码，或者添加食盐还是减少食盐？该怎么办呢？小花说："物理课上学过了，应该移动砝码。"小健说："物理课和化学课不一样。"小美说："一样啊，都是称质量啊。"几个孩子争了起来。

确实，物理课也有类似实验。两个学科难道是"公说公有理，婆说婆有理"，互相矛盾吗？我提醒孩子们："在初一生物的时候，老师就告诉我们，对于看上去相似的生物，要注意观察它们的不同之处。那么，对于看上去相似的题目呢，我们也应该注意观察和对比它们的不同之处。"

天平，实际上就是一个在中间加了分度盘和指针的"跷跷板"。当左右两边质量相等时，"跷跷板"就平衡了。但是称量有不同的需求，有时候是需要称一定质量的物品，有时候是需要称某特定物品的质量。针对这两种不同的情况，天平指针偏左或偏右的处理方式不同。孩子们往往就是被卡在这儿了，课堂上我用"去菜市场买肉称肉"这样的生活实例，带着孩子们理解这部分知识。

考虑到有些学生很少去菜市场，我先给学生播放个小视频，看看市场里的秤。之后抛出问题："当顾客需要买5斤肉，也就是2.5千克肉的时候，如果称量时指针偏左或偏右，应该是增减肉还是增减秤砣？"小花回答："明显，这个时候不能增减秤砣，因为如果动了秤砣，就不是人家顾客所要的5斤肉了。"小健也补充："只能通过增减肉的质量，让天平平衡，这时候所称肉的质量才能是2.5千克秤砣的质量，也就是顾客想买的5斤肉。"孩子们七嘴八舌地补充，如果指针偏左，说明肉称多了，应该割点肉下来；如果指针偏右，说明肉称少了，应该再放上点肉。

"称肉咱们搞清楚了，那么把肉换成咱们化学中的药品，一样吗？化学实验中称取 3 克石灰石用于和盐酸反应制取二氧化碳、称取 8 克食盐用于配制 100 克 8%的食盐水、称取 10 克粗盐用于粗盐提纯实验，和称肉的区别是什么呢？"孩子们迅速总结出，都是称一定质量的某物品，定量称量，是化学实验中常用的称量方式。

我继续引导："当顾客看好一块肉，一整块肉啊，想把它整个都买下来，称量时指针偏左或偏右，接下来应该是增减肉还是增减秤砣？"小美迫不及待地回答："很明显呀，这个时候不能增减肉，因为如果动了肉，就不符合顾客想要整块肉的要求，只能动砝码呗。"几个孩子也补充了分别在什么情况下应该增减秤砣。"那么，刚才物理化学学科的打架，你们有些想法吗？"孩子们恍然大悟："这种称量方式，就是称一称某物品的质量，也就是定性称量，这也是物理实验中常用的称量方式。""老师老师，用天平称一块橡皮、一个墨水瓶等的质量，都是这么称量。""称体积相同的木块和铁块的质量，比较密度的大小，也是这么称。""老师，您这一块肉，弄出来这么多花样，化学原来这么有用呢。"
"老师，我觉得我这思维得开放些，才能跟上您这'一块肉'的节奏。"学生们感慨颇多，我也颇感欣慰。

纸上得来终觉浅，绝知此事要躬行。接下来我组织孩子们动手实验，互相出题、互相检查督促，将理论知识应用于具体的实验中，加深他们对知识点的理解。

半节课下来，孩子们不但会做化学题，而且会做类似的物理题，也知道生活中如何正确称量物品的质量。后半节课，类同于天平称量，在量筒的使用中，也有量取一定体积的液体（即定量量取）和量某液体的体积（即定性量取）的区别。两种情况下，仰视和俯视的结果是不是一样，哪种方式的量取会量多？

哪种方式的读数会读多？我通常会结合数学"两点定一线"知识点，类同于天平的过程，带着学生画图、实操、辨析清楚。

有些知识点并不复杂，然而，不同学科探讨的角度各有侧重，而我们的学生，普遍缺乏生活经验，日常生活中接触不到天平和量筒，这种现实情境下的经验缺失，导致在理论学习时普遍感到难以理解，无法直观地体会到知识的应用价值。关于天平的指针偏移问题和量筒的俯视仰视问题，虽然在考试中一般只有1分，但是通过理论的讲解和实践操作，孩子们不仅学会了如何操作，而且建立了学科间的联系，发现知识在日常生活中的作用与价值，提升学习兴趣。

编者按

针对容易产生混淆的知识点，包括不同学科带来的不同视角问题，通过引入生活情境，运用理论知识结合实践操作的方式，深化学生对知识的理解和应用，启发学生综合运用不同学科知识解决实际问题。

学生们普遍缺乏生活经验，明河老师巧妙地用"一块肉"的称量引导学生理解定量称量与定性称量，创设恰当的生活情境，深化学生对概念的理解，而且引导学生发现所学知识在日常生活中的应用与价值，真正理解学习的意义。

燃烛吸水，原来如此

广东省阳春市实验中学　化学教师　李剑镔

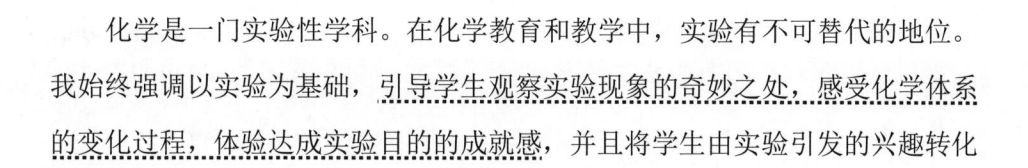

化学是一门实验性学科。在化学教育和教学中，实验有不可替代的地位。我始终强调以实验为基础，引导学生观察实验现象的奇妙之处，感受化学体系的变化过程，体验达成实验目的的成就感，并且将学生由实验引发的兴趣转化为深入而持续地探究物质世界的愿望和动力。

化学核心素养其中之一的"科学探究与实践"怎么培养？就是要让学生亲身经历科学探究。九年级第一轮复习课中，我选择了"燃烧的蜡烛吸水"这一实验做了教学尝试。

我布置了一项周末家庭实验作业，制作"蜡烛抽水机"。在实验中，学生将一根蜡烛放在盛有水的碗中，为便于观察，可以向水中滴入有色物质，如红色、蓝色墨水。然后，点燃蜡烛，用一个玻璃杯罩住蜡烛，观察玻璃杯中的液面变化。最后学生们用手机录制实验视频，通过班级优化大师提交作品。

上课时，我播放了一位同学的实验视频，然后分别围绕两个问题开展研究性学习。

问题一：蜡烛为什么会熄灭？

学生们积极回应，普遍认为"蜡烛燃烧消耗了氧气"。为了深入理解，我随即投影了燃烧的三个条件：（1）可燃物；（2）氧气（或空气）；（3）达到燃烧所需的最低温度（即着火点）。紧接着，我进一步提问："蜡烛熄灭时，氧气耗尽了吗？"学生们意见不一。为了解答这一疑问，我们用带有温度传感器和氧气传感器的数字化实验装置重新做了一次实验，实验数据证明：（1）燃烧反应放热，体系内的温度先升高后降低直至恢复室温；（2）此时氧气并没有耗尽。

问题二：水为什么会进入玻璃杯内？

学生运用已学的物理知识，分析得出结论：水进入玻璃杯内，是由玻璃杯内压小于外压引起的。随后我让学生思考导致气压差的具体原因。学生给出了不同的猜想，我将这些猜想进行了分类，并和他们一起逐一对猜想进行分析验证。

猜想1：消耗氧气导致内压小于外压。这部分学生的灵感来自人教版《化学·九年级·上册》第 27 页实验 2-1 "测定空气里氧气的含量"。然而，这一猜想很快被其他同学否定，因为根据化学反应方程式 $C+O_2 \xrightarrow{\text{点燃}} CO_2$，虽然氧气被消耗了，但同时产生了二氧化碳气体，此时体系的气体体积并未发生显著的变化。

猜想 2：反应产生的二氧化碳气体部分溶于水，且其中一部分会与水反应生成碳酸，导致玻璃杯内气压变小，从而导致内压小于外压。这部分学生的灵感来自人教版《化学·九年级·上册》第 117 页实验 6-4 "二氧化碳的溶解性实验"。为了验证这个猜想是否成立，我们用装满二氧化碳的集气瓶进行对比实验。实验结果是集气瓶内的液面确实有所上升，但是上升幅度并不明显，这说明二氧化碳溶解于水对原实验中水的液面上升起了一定作用，但不是主要原因。

猜想 3：燃烧反应放热，将部分空气挤出玻璃杯，且热胀冷缩，导致内压小于外压。这部分学生的灵感来自粤教版《物理·八年级·下册》第 76 页 "马德堡半球实验"。为了验证此猜想是否成立，我们用吹风机向集气瓶中吹了一段时间热风后再倒扣在水中，一段时间后集气瓶中的水柱明显上升，这一实验结果证实猜想 3 成立。揭晓燃烛吸水的原理之后，我用中医中的拔火罐呈现了这一原理在日常生活中的应用。

初三学生处于一个关键发展阶段，生理、心理上逐渐迈向成熟，智力发展也接近成年人水平，思维能力从经验型向理论型转变，拥有强烈的好奇心、敏感的自尊心、极强的可塑性。他们追求独立和自主，渴望自己个性得到认可。猜想并提出导致气压差的具体原因，验证每个猜想的结果，会激发学生的好奇心和获得认可的表现欲，验证了猜想是正确的，学生会异常兴奋，认为自己是最棒的。猜想需要符合逻辑，提出合理的猜想，是一个需要动脑深度思考的过程；对猜想进行验证，增强学生对复杂而抽象的化学概念的理解与记忆，提高学生探究水平。

2022 年版化学课程标准强调了跨学科实践活动在课程内容中的重要地位，

我们要充分认识跨学科实践活动对发展学生核心素养和落实课程育人功能的重要作用，积极尝试跨学科融合、基于大概念整体设计单元教学和项目式学习，坚持"学生本位"的课程取向，<u>积极引导学生亲身经历创意设计、动手制作、解决问题、创造价值的过程</u>。这种教学方式，能够加深学生对真实世界的认知，提升解决实际问题的能力。

编者按

实验在化学教学中具有不可替代的地位，做实验，观察现象，发现问题，提出猜想，再通过实验验证猜想，这个过程，针对"追求独立自主，渴望自己个性得到认可"的初三学生而言，充满了吸引力。<u>一旦猜想经过实验证实是正确的，成就感必然是"杠杠的"</u>，探究世界的动力也"杠杠的"。

老师以"燃烛吸水"这一充满趣味的实验为切入点，<u>引导学生们开展了一次生动而富有挑战性的探究性学习</u>。从周末的家庭实验作业布置，到课堂上的视频展示和问题探讨，精心设计的教学环节和挑战性学习任务，激发了学生的探究欲和学习兴趣，让学生们在亲身实践中感受化学的奇妙与魅力，并在对比分析、实验验证中，找到问题的正确答案。

着了色的白杨

广西壮族自治区柳州市第十四中学　语文教师　刘倬丽

明天要上《白杨礼赞》了。这篇文章是经典名篇，但也是孩子们不太感兴趣的内容，尽管上过很多次，但究竟怎么上才能拉近孩子与经典的距离，是我一直在思考的问题。

先说说《白杨礼赞》。这是茅盾的一篇托物言志的散文,借赞美"西北极普通的"白杨树,讴歌西北军民团结抗战的伟大精神和意志。课文描写的画面、表达的精神境界与学生生活经验及认知相去甚远,所以如何搭建桥梁,拉近经典和学生距离,真正把经典教好,让学生学懂,很不容易。备课时,我搜肠刮肚、苦思冥想、绞尽脑汁,突然,一个念头袭来——我们刚刚上完《雁门太守行》,诗人李贺用色大胆,诗作奇谲瑰丽,教学时我从"色彩"入手,让孩子们充分体会李贺诗歌的特点,效果很不错,那《白杨礼赞》是不是也可以另辟蹊径,从色彩入手?我再次细细阅读了文本,结合《白杨礼赞》的教学重难点:把握文章昂扬向上的感情,理解烘托、对比、欲扬先抑等写作技巧的表达效果,以及学习象征手法的使用。嗯,似乎真的可以从"色彩"入手哟。

果不其然,课堂上,当我说到白杨树的生长环境在西北的黄土高原时,孩子们似乎已"恹恹欲睡",我并不着急,因为我有"杀手锏"呢。我不慌不忙地抛出了第一个关于色彩的问题——"当作者看到黄土高原时,他的心情可谓是一波三折,如果心情有颜色,请你给作者的心情选个颜色吧,并说说为什么"。这个问题立即引发了孩子们的兴趣,他们迅速从"恹恹欲睡"的状态转化成"精神为之一振"——"黄色""红色""灰色"……各种颜色从孩子们的口中一个个蹦出。

"老师,我选黄色。因为文中说'这时你涌起来的感想也许是雄壮,也许是伟大',我觉得黄色最能描绘出这种雄壮。""老师,我选灰色。因为文中出现了'倦怠''单调',而灰色就给人单调之感。"孩子们兴致盎然,不断地在文中找到相关的词句,体会作者的心情,并为之选颜色,畅谈选择的理由。在这个过程中,孩子们体会到了前面写黄土高原的单调,是在为后面写白杨树出现给作者带来的惊喜蓄势,此时孩子们自然而然理解了这篇文章的一个重要手法——欲扬先抑及其作用。

我乘势而上,又抛出了第二个关于色彩的问题:"老师也很喜欢白杨树,拍了一张白杨树的照片,如果让你给这张照片加上底色,你会选择什么颜色呢?

为什么?"教室里又一次炸开了锅,孩子们纷纷举手表达自己的想法:"红色,因为它坚强。""绿色,因为它有旺盛的生命力。""黄色,因为它的生长环境是黄土高坡。"……孩子们的目光既聚焦到白杨树的"形之特点"和"神之特点"上,又重新聚焦到了白杨树的生长环境上,至此,孩子们自然而然地理解了烘托、象征这两种手法及其作用。

在揭示《白杨礼赞》是一曲对白杨树的赞歌,更是一曲民族精神的颂歌时,我抛出了最后一个关于色彩的问题:"如果此时给作者的情感涂色的话,你会用什么颜色?"这时孩子们不约而同地答道:"红色!"我继续追问:"什么红?"孩子们异口同声地答道:"中国红!"至此,作者对白杨树之礼赞,文章昂扬向上之精神已感染了孩子们,孩子们也真正读懂了这篇文章,读懂了这份情感。经典,不再高高在上,不再遥不可及,这堂语文课真正实现了学生与文本对话,与作者对话,与经典对话。

这堂课上,我精心设计了与色彩相关的三个问题,架起了文本与孩子之间的桥梁,让对于孩子来说略显枯燥的文本着了色,有了光,激发了孩子们的学习兴趣和欲望,激活了孩子们的思维,从而让孩子们进入到文本中,被文本感染,被作者打动,教学的重难点也得以突破,真可谓"踏破铁鞋无觅处,得来全不费工夫"。

编者按

一些学习内容和学生的生活经验相去较远,**如何搭建一个有效的支架体系**,拉近学习内容与学生的距离,让学生有真切的体验与感悟,实现与经典的对话,是我们在教学中常常遇到的困惑。

借助"色彩"元素巧妙地设计鲜活的、孩子们感兴趣的问题,以问题贯穿整节课,激发学生的好奇心,增强学生的投入度;**层层递进的"问题链"**,推动学生深度思考,巧妙地突破这节课的重难点,无疑是一类有效的支架。

望到了什么

广西壮族自治区柳州市第十四中学　语文教师　刘倬丽

明天就要教《春望》了。这篇名篇作为"诗圣"杜甫经典代表作之一，该怎么教？教到什么程度？怎么让学生更深入地体会杜甫忧国忧民的情怀进而打动学生、感染学生？一堂课的容量是有限的，如何在有限的时间里充分调动学生，让学生与诗人杜甫共情呢？我可以讲杜甫，讲背景，讲其忧国忧民；我可以声情并茂地讲，我也可以播放相关视频和微课，手段可以丰富。可即便我讲得再精彩，孩子们的精彩呢？除了以我为主导，是不是可以有更好的方式，让孩子们积极参与，从而更好地共情呢？我想，得从精心布置好预习入手！

古人云："举一纲而万目张，解一卷而众篇明。"《春望》这首诗抓一字——"望"，足矣。围绕"望"字，我设计了如下两道预习题：(1)诗人"春望"，"望"到了什么？"望"的是什么？(2)学习这首诗，你"望"到了什么（我望到了那个＿＿＿的杜甫/我望到了那份＿＿＿的情怀）？随后，我补充道："这些问题并没有标准的答案，大家深入研读诗歌，将你之所见、所想、所思、所感尽情分享吧！"

课前，我将孩子们的预习作业收上来检查，真是不看不知道，一看真的要给孩子们点赞，孩子们的答案可谓是"百花齐放，争奇斗艳"。显然，这份预习作业既让他们主动查找了相关资料，又让他们"脑洞大开"。

上课了，为更好地呈现孩子们的预习成果，我让孩子们先小组交流。

瞧，这一组的孩子们正在热烈地探讨诗人杜甫"望"到了什么——"他望到了京城长安草木凄清、荒凉破败的景象。""他望到了花儿哭泣，鸟儿胆战心惊的景象。""他望到了战火连绵、百姓流离的景象。""他望到了妻离子散、家书难得的景象。"……无须我多言,在这个问题的探讨中,诗歌大意已明。

那边孩子们已经在交流"望"的是什么了。"老师,我们组有个疑问,这'望'的是什么和'望'到了什么这两个问题好像是一样的!"我微笑着提示:"如果用'望'字组词,这两个问题中的'望'你们会分别组哪两个词呢?"一个小机灵兴奋地大叫:"啊!我知道啦!一个是'期望',一个是'望见'。"我给他竖起了大拇指,他更兴奋了。组里其他的孩子也恍然大悟,纷纷说道:"那他望的是远在异乡的妻儿。""他望的是年长的双亲。""他望的是收到家人的来信""他望的是家人平安的消息。""他望的是战乱平息。"……诗人忧国忧民的情怀在孩子们的积极交流中呼之欲出。

巡堂至最后一组时,他们已经在分享"你望到了什么(我望到了那个___的杜甫/我望到了那份___的情怀)"——"我望到了那个满头白发、满目忧伤的杜甫。""我望到了那个悲天悯人的杜甫。""我望到了那份忧国忧民的情怀。""我望到了那份深沉坚定的爱国情怀。"……在孩子们对诗歌大意的理解、诗人情感的把握的基础上,诗人的形象已越发清晰,而诗人忧国忧民的情怀也越发动人。

小组交流后,孩子们迫不及待地在全班进行分享。孩子们纷纷举起的手,教室里此起彼伏的"我来""我们组上"的声音,无不显示着,充分的预习和交流让孩子们有话想说,亦有话可说。而孩子们精彩而精准的发言——"诗人望到了遍地疮痍的国家。""诗人望的是战乱平息、山河依旧、百姓安乐。""我望到了那个千年前凝望着祖国河山忧思满怀的杜甫。"……也让我深深感受到,抓住核心引导学生做好充分的预习,在一堂课里是多么重要。这一个个鲜活的生命,一次次精彩的回答,让我看到了与杜甫共情的孩子们,这堂课洋溢着蓬勃的张力,让我深深地感动。

《春望》这堂课,通过抓住核心问题的预习,充分激活了学生的思维,丰富了学生的情感体验,从理解诗歌大意,到走进诗人内心世界,再到体悟诗人的家国情怀,可谓是层层深入,水到渠成。最终,在孩子们的眼里和心里,杜甫不再是那个有着忧国忧民情怀的"标签式"诗人，不再是那个高高在上的诗圣——那位双眉紧锁的老人，他深沉而悲凉的目光，炽热而浓烈的爱国情，穿越了时间长河，来到了孩子们面前，也来到了我的面前，清晰可见，感人至深。

● 编 者 按

如何建立学生与诗人的共情，让学生切实体会杜甫之所见、所想、所思、所感，确实也没有标准答案。学生们广泛地查阅资料、自主感悟、热烈讨论，逐步走入诗人内心世界。俾丽老师的设计匠心独运。

"凡事预则立，不预则废。"抓住核心问题、精心设计预习作业，一堂课就成功了一半。课前"初读了解文意"，课上"再读思维碰撞""三读升华共情"，**让学生有话可说、有话想说、不吐不快。**

小小西门豹

新疆维吾尔自治区喀什地区疏勒县第四小学　语文教师　应新丽

在准备部编版《语文·四年级·上册》第八单元课文《西门豹治邺》时，我就在思考这个单元的语文要素"了解故事情节，简要复述课文"，然而，对于我们新疆的孩子来说，要完成这样的任务有一定的难度。我班里一半的维吾尔族孩子，怎么完成"简要复述课文"呢？怎样让孩子们熟悉这个故事呢？我想到了让孩子们进行角色表演，朗读是"输入"，而表演就是输出啊，如果孩子们能把《西门豹治邺》中所讲的故事表演好，那"复述课文"还有啥难度呢！

这篇课文，课后有一项选做题"写剧本，演故事"，于是，我早早地就把

久久回响
那些有温度的课堂故事

这项作业布置给了孩子们，他们也非常认真地在小组里分工，写剧本。孩子们一见到我，就问，<u>看他们的剧本了吗，啥时候表演啊</u>！看到火候差不多了，我选了一节自习课，让每个小组简单地汇报自己写的剧本，从12个小组中选出了一个最优秀的剧本，然后，让这个小组的导演在班级里挑选演员。那段时间，班里孩子们为了争得一个角色，把课文读得那叫一个"滚瓜烂熟"！不仅如此，<u>孩子们还尝试着揣摩人物的性格特点，看历史剧，选适合角色的服装</u>，利用课间"海选"演员，一部《西门豹治邺》课本剧，在我们班衍生了许多经典角色！孩子们组织得有模有样，我也乐得清闲！

演员选好了，我又带着孩子们进一步丰富了剧本，也给孩子们做了指导，因为，我们要把这部课本剧搬上元旦晚会的舞台啦！孩子们很开心，也都很积极！我说"优秀演员的品质，是要真实地演出角色的感觉"时，孩子们都能较快地进入角色！哈哈哈，看到孩子们自己做的帽子和道具，投入地演练表情和动作，太欣喜啦！

元旦晚会如期而至，我们班的课本剧获得了老师和同学们热烈的掌声，后来学校又把我们班的课本剧推到了"东营援疆2024元旦联欢"的舞台，孩子们虽然不是专业的演员，但是<u>他们的表演非常投入、充满激情</u>！

"复述课文"，也就成为轻而易举的事儿。

我想，这就是语文学习中"创设真实而富有意义的情境"，带给孩子的积极性、参与感和快乐！

部编版《语文·四年级·下册》第一单元的习作《我的乐园》，我们班几乎所有的孩子写的"乐园"，都是在"乐园"里做了什么快乐的事，而不是因为乐园有什么美丽的景色！所以，<u>孩子们真实地去"角色扮演"，真实地走近西门</u>

豹，真实地走近中国优秀传统文化，加上这部课本剧被搬上了更大的舞台，更加激发了孩子们的学习兴趣。这样的语文课，学生们怎么能不喜爱呢！

编者按

苏联教育家苏霍姆林斯基，在《给教师的建议》中提道："**让学生体验到一种自己在亲身参与掌握知识的情感**，乃是唤起少年特有的对知识的兴趣的重要条件。"

不仅是语文学科，各学科教学，都应该注重**"创设真实而有意义的学习情境"**。学生参与真实的体验过程，丰富自己的生活经验，获得知识的学习和成长，同时增强学习动力。

肆 匠心独具
创新教学方式的课堂

教学策略，常变常新，面对每节不同的课与每届不同的学生，可能涉及整体情境的更新、具体问题的调整、拓展延伸方向的优化、升华定位的改变，一切都是为了让面前的孩子们收获更加丰硕！教学方式的创新，就在日常一点一滴的冥思苦想中。

故事视频

河南省平顶山市实验高中　张永峰老师

找啊找啊找朋友

贵州省遵义市第十九中学　数学教师　商劼

有效的数学活动是学生乐于学习数学、提升数学思考能力的有效载体，基于教材和学生的经验，设计简单实用的数学活动能提升课堂效率和学生学习能力，让学生在"玩中学""学中思""思中明"，但针对不同的学习内容，如何才能设计出吸引学生，寓教于乐的数学活动呢？

"找啊找啊找朋友，找到一个好朋友……"正在苦思明天的二元一次方程组该怎么讲的我，听到旁边的二宝正给爷爷奶奶唱这首新学的儿歌。咦？我能不能设计一个找朋友的课堂活动呢？让学生们通过找朋友的方式来学习二元一次方程的概念，一个念头突然闪现了出来，以往的讲解，总是收效甚微，提不起孩子们的兴趣，有了这个灵感，我即刻开始构思……

第二天，我拿着一叠写了很多二元一次方程的纸片来到了教室，一开始学生们以为是我准备的小试卷，当得知是做游戏的道具时，大家脸色立刻由阴转晴，又激动又好奇，纷纷探着头朝我的手里张望。"怎么找？找什么样的朋友，让我来……"我不慌不忙地说："第一个游戏是要请大家找出方程家族中的一个新朋友，它就藏在课本中的第88页，请大家自己先去认识它，然后从我手中的纸片中找到这个新朋友，找对的奖励，找错的获得掌声鼓励。"

大家争先恐后地翻开了书，生怕自己错失好机会，见时机合适，我将卡片背面向下，让孩子们随机抽取一张，请大家上台展示，一下子，二十多位同学冲上讲台，将手中的卡片高高举起，"老师我抽中了，老师我找到这个新朋友了。"为了辨认真假二元一次方程，我对同学们说，"请抽到二元一次方程的同学站在讲台左边，不是二元一次方程的同学站在讲台右边。"台上的同学们，立刻朝两边走去，只有两位同学在讲台中间迟迟不动，犹豫不决，一看一个是小林，他的纸片上写着 $x+3y$，另一个是小瑞，他的纸片上写着 $2/x+y=4$，他们向我投来求助的目光，我把问题抛给了下面的同学，追问道："他们到底应该站在哪边？哪位优秀的同学可以帮帮他们呢？"

下面的同学七嘴八舌争论了起来，高个子男孩小涛站起来说道："小林应该站在左边，小瑞不是，因为小瑞的未知数在分母，未知数不能作为分母。"话音未落，长头发的小女生小倩说："老师我不同意他的观点，第一个也不是，因为它没有等号。"大家都表示认同，我顺势说明了未知数在此不能作为分母，后面会学习它作为分母的情况。

我继续追问："判断是否是二元一次方程，需要满足哪些条件呢？"在大家的争辩中，我们一起归纳出了满足二元一次方程的条件。台上的两位同学也在大家掌声的鼓励之下，站到了正确的位置中。"老师，我们这里有一个冒牌货。""是小越，小越不是……"几个男生高声喊道，大家这才发现手中拿着纸片 $x^2+y=3$ 的小越，我追问大家道："他为什么不是呢？"一个男生大声地回答道："他的未知数 x 的次数是二次，不是一次。"在大家的哄笑中，我看到小越低下了头，我立刻上台和小越握了一下手，并对大家说："虽然他站错了，但我们也要感谢他的失误，他为我们积累了识别经验，减少了大家下次犯错的机会。从错误中吸取教训，也是我们重要的成长过程。"教室里响起了鼓励的掌声，小越大方地走到右边。

"大家可真厉害，一下子就能准确地辨认二元一次方程，还能说出准确的理由，其实老师也遇到了困难。"我拿出提前放在口袋里的卡片 $2xy=6$，对大家说，"老师也不知道站在哪边？请同学们帮帮我。"教室里立刻响起了两种声音，是？不是？大家争论得不可开交，一个叫小雪的女孩站起来自信地说："老师您应该不是，因为书上说了，二元一次方程是指含有未知数的项的次数是 1，而您这里 2xy 这一项的次数是 2，所以您应该站在右边。"听完她的解释后，我赞许地肯定了她的答案，全班也响起了热烈的掌声。

接下来，我和孩子们一起再次完善了二元一次方程的概念，趁着大家的情绪高涨，我又宣布了第二个找朋友的游戏活动：寻找今天的第二个朋友，二元一次方程组，有了第一次的经验后，同学们看书更认真了，不一会儿就有同学举手想来试一试。我随机请同学抽取卡片，然后说："请第一个游戏和现在手中抽到卡片的同学站到讲台，找找能和自己配对成二元一次方程组的朋友。不一会儿，台上同学们在一片欢笑声中都找到了自己的朋友，唯有两个同学孤零零站在一边没有找到朋友，一个是 $x=2$，一个是 $y=6$，看到他们尴尬的样子，我也忍不住笑了。于是我提问："他们两个可以组成二元一次方程组吗？"大家陷入了沉思，一个男孩回答道："能！因为课本概念中有提示。"看着大家半信半疑的表情，我请大家再认真地阅读一遍教材，随后我稍微点拨，"正如他所说，他对二元一次方程组定义的理解非常准确，老师给你点赞！"在大家的掌声中，台上的两位同学也不好意思地站在了一起。

我又追问："请大家再思考一下，还有能与 $x=2$ 组成二元一次方程组的朋友吗？"受刚才的启发，大家很快就发现了，$x+y=4$，$2x+y=7$，$3x-4y=8$……都是 $x=2$ 的朋友。为了进一步启发孩子们深度思考，我又提问："请大家想一想，为什么有的方程会有那么多的好朋友呢？而有的方程却很少？我们怎么做才能找到自己的好朋友呢？请用我们自己交朋友的心得说一说。"最后在大家的交流中，我们一致认为，一个人要开朗活泼，真诚主动、积极、开放、自信、大胆地去尝试，不自私自利，不背后说别人坏话……这样才能交到很多很多真心的朋友……

叮铃铃，下课铃声响起了，但是我和我的孩子们却都还沉浸在找朋友的快乐中！

● 编 者 按

"我们这里有一个冒牌货。""一片欢笑声中都找到了自己的朋友。"……**这样充满了童趣和欢乐的课堂，是如此地令人向往。**儿童的情绪和学习密切相关，轻松愉悦的学习环境，更容易让孩子们进入学习状态并乐于面对各种挑战。

现代教育观强调数学教学应基于孩子已有的知识经验，**让孩子亲身体验、参与特定的数学活动，以激活课堂**，并通过自我探索、合作交流以深入理解和掌握数学知识。"找朋友"让相对平淡乏味的概念课变得趣味十足，孩子们在学习知识的同时，体会到了交友之道。商劼老师是如此地享受这节课，**如此地心满意足。**

骑着自行车进课堂

河南省平顶山市实验高中　物理教师　张永峰

你没看错，我真的把一辆山地自行车"骑进"了物理课堂，而且是在领导前来听课的关键时候。

说实话，在高中各学科中，物理是公认的最具挑战性而又古板严苛的一门课，特别是物理课安排在下午时，学生刚从午休醒来，"畏难"情绪更是显而易见。然而，一次偶然的机会，让我对物理课的教学有了新的认识，也让我的教学思路豁然开朗。

那是多年前的公开课，课题是"摩擦力"。教育局领导和兄弟学校的一些老师要来听课，学校把物理课的任务交给了我，并且要求这节课一定要上得精彩，这无疑是一个巨大的挑战。接到这个任务后，我便开始反复琢磨，合计着到底该怎样上好这一节课。课程既要饱满充实，将足够的知识传授给学生们，又要足够精彩，在让学生们充分感受课堂乐趣的同时，让领导与老师们也能从中获得一些启发。

如果按照传统的授课模式，也没有什么特别的出彩之处。可是临时创新，一时间又实在拿不出完整的计划与安排，这属实是一件令人头疼的事情。上好一节展示给领导与老师们的课并不太难，但如果想要把这件事做得足够好，就要煞费苦心。

下午我骑着自行车来学校，心中仍在为这节课发愁，正在神游的当间，心不在焉地刹车避让车辆，感受到自行车停顿的一刹那，灵光一闪，眼前一亮，按照教学进度该讲摩擦力了，身边不就刚刚好有一个完美的帮手吗——自行车。从车把到脚蹬……都是摩擦力，有滑动摩擦力，有静摩擦力，有防止的，有利用的。刹那间，我心里产生了一个大胆的想法：何不把自行车骑进课堂呢！

一到学校，我立刻动手，拍自行车照片并插入 PPT，将各个有关摩擦力的部位圈起来制作成动画。设计一个探究性大问题：请思考与讨论自行车中哪些部位与摩擦力有关，自行车是通过怎样的设计来利用或防止摩擦力呢？我计划在课堂上抛出这个问题让学生们进行自主探究，整个教学课件，只用了一页 PPT，授课题目也修改为：自行车中的物理——摩擦力。

上课铃声响起，当学生们看到我推着一辆自行车进入教室时，他们就像看到了世界上从来不存在的神奇事物一般，眼睛里迸发出好奇与惊喜交织的光芒。一时间，学生们骚动起来，一声又一声掺杂着惊奇与疑惑的惊叹声从教室各处传来。学生们的目光被自行车紧紧揪住，仿佛从来没见过自行车一般，一个个瞪大了眼睛，一直盯着自行车从门口登上讲台。还有一些学生与周围的同学交头接耳，整个课堂瞬间活跃起来，对这辆"骑进物理课堂的自行车"充满了好奇。

开始上课，我告诉学生们："同学们，我们今天的研究对象就是这辆自行车。大家分小组对这辆自行车进行分析,看一看自行车的哪些部位体现有摩擦力,并思考在该位置是防止还是利用摩擦力,又是如何防止、如何利用摩擦力的呢?"

上课细节不再赘述,整节课在学生们激烈的交流中结束,还记得当时每一个学生眼中都满是好奇的光芒与求知的欲望,学生们精神振奋,一心一意投身在对自行车摩擦力的探究与学习中。在热烈的讨论里,学生们一个个争着提出问题、表达观点。在这样的氛围中,大家生怕来不及表达自己的想法,更别说打瞌睡了。后面听课的老师们也是听得津津有味。最后,听课领导给出了一句非常中肯的评价:"非常不错,物理课原来还可以这么上!"

这次教学经历让我深刻体会到:为什么在短短十几分钟内仓促准备的课能让学生乐学,老师乐听呢?这不正好体现了新课程的核心理念:以人为本,全面关注学生发展,引导学生主动探索和发现,在交流与合作中得到提高?

不知何时,我们号称以实验为基础的物理学科,在孩子们的眼中变成了一门抽象的、苦涩难懂的学科。在"三新"(新课标、新教材、新高考)背景下,我们广大教育者有责任在教学中践行课改新理念,落实核心素养的培养,让教育回归"育人"本真,真正做到"以人为本",特别是作为学生眼里具有挑战性的物理课,更要改变填鸭式、机械刷题的教学模式。让孩子们在学习中真正体会到"物理来源于生活,科学就在身边"的学科真谛,在主动探索中感受物理之美。

● 编 者 按

物理学基于观察与实验。2017版新课标指出,高中物理课程通过创设学生积极参与、乐于探究、善于实验、勤于思考的学习情境,培养和发展学生的自主学习能力,增强科学探究能力。

"万物之理乃为物理,见物思理则能学好物理。"物理来源于生活,应用于生活，生活中处处有物理。善于利用周围的资源来教学，将日常生活中的素材变成教学资源，**让学生感受到物理就在我们的点滴生活中**，见到自行车思考摩擦力原理，走在路上思考摩擦力是如何发挥作用的，物理教学，本该如此！

我只错了一次，却是在高考

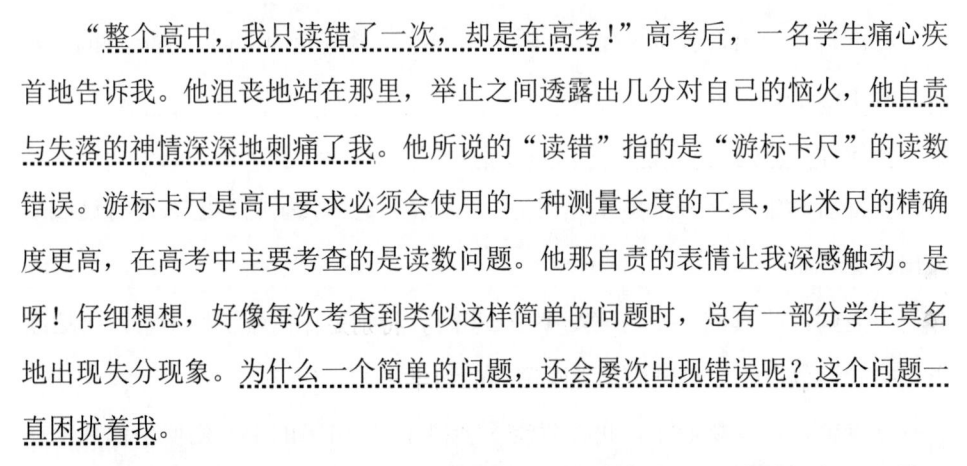

河南省平顶山市实验高中　物理教师　张永峰

"整个高中，我只读错了一次，却是在高考！"高考后，一名学生痛心疾首地告诉我。他沮丧地站在那里，举止之间透露出几分对自己的恼火，他自责与失落的神情深深地刺痛了我。他所说的"读错"指的是"游标卡尺"的读数错误。游标卡尺是高中要求必须会使用的一种测量长度的工具，比米尺的精确度更高，在高考中主要考查的是读数问题。他那自责的表情让我深感触动。是呀！仔细想想，好像每次考查到类似这样简单的问题时，总有一部分学生莫名地出现失分现象。为什么一个简单的问题，还会屡次出现错误呢？这个问题一直困扰着我。

又到了学习游标卡尺的时间，我带着25把精确度不同的游标卡尺和精心准备的几道检测题走进教室，两人一把分发下去。首先，我集中给学生讲游标卡尺的原理及读数规则，然后示范使用方法，接着带领大家进行习题练习，最后让学生分组实际操作，我在一旁巡回指导。大家看起来都十分细心，也有不少学生主动向我提问。在该环节结束的时候，我问："同学们，还有谁不会读数？请举手。"

整个班级都静悄悄的，一些爱看热闹的学生四下张望着，全然都是"这么简单的问题，怎么会有人不会？"的态度。我环顾教室四周，正如我所预想的，没有一个人举手。

"大家真的都会读了？那好，我们来检测一下。"我在电子黑板上给出第1道检测题。不到30秒钟，所有学生都已写出结果，并且还信心满满地喊出自己的答案。然而这一喊，主张什么答案的声音都有，闹哄哄乱成一团。有些本来信心满满的学生听到其他人的反应，声音低了下去，四处查看别人的答案；有些则十分坚持自己的答案，反复高声确认着。听着教室各处飘来的不同结果，我满意地笑了笑，公布正确答案。

"哦！我看错了！"

"我没有注意到这一点！"

标准答案一出，教室里先是一瞬间的安静，紧接着同学们七嘴八舌的讨论声便响了起来！

一统计，居然有10位同学读数错误！

我冲着学生们咧开嘴笑了，问道："大家不是都会了吗？怎么还有这么多人出错呢？"

"老师，我真的会了，就是不小心错了！"一学生抓着游标卡尺，一边瞪着眼睛看读数，一边自信满满地喊道。

"老师，这次粗心了，再读肯定不会错了！"出错的学生们似乎都并不在乎这样一次小失误，纷纷用"粗心"或者"不小心"为理由给自己辩解。许多学生还拿着游标卡尺傻乐着，仿佛这样的错误只是测量工具给他们开的一个小小的玩笑。

"现在还有谁不会读？"我问道。同样没有人举手。一切都在按照我的预想进行。

"好！我们再看一道题。"

我给出了第2道检测题。检测完毕，一检查，有8位学生出错。

"我没注意到这儿!"

"我看错了!"

"失误了!失误了!"

……同样的言辞又此起彼伏。这次我只是微微一笑,没有回应学生们的争论与吵闹,之后的课程该怎么进行,我已心中有数。

我又抛出了第3道精心准备的测试题,结果仍有6位学生出错!

我问:"错3次的同学,请举手。"没有一个人举手。

"错2次的同学请举手。"有3个人举起了手。

"错1次的同学请举手。"有18个人举起了手。

"王磊,请你分析一下自己出错的原因,"我随机点了一名错了2次的学生的名字,想听一听他对错因的分析。然而,在他开口之前,我就已经猜到他会怎么说了。

"老师,我会啊!前两次失误了!"意料之中的回答。我笑着,没有继续追问。

"张强,请来分析一下自己出错的原因"。

"老师,我不小心看错了一次,前两次我都读对了,我真的会读!"

两名不同的学生,错误次数也不同,对自己错因的分析却是本质相同。与3道问题的正确答案公布后,出错的学生们的反应一样。

"同学们,你们有谁认为自己不会读数呢?"这一次,教室里十分安静,大家的眼神中都没有一开始的自信满满了,也没有人再露出漫不经心的笑容。但是过了一会儿,仍然没有一个人举手。

"同学们,你们自上高中以来,有谁把自己的名字写错过?"

"自己的名字怎么会写错!"

"不可能写错的,我闭着眼睛都写不错!"

我微笑着点头,抛出一个问题:"名字大家都会写,也从来没有写错过,

久久回响
那些有**温度**的课堂故事

游标卡尺大家也都会读，为什么还会读错呢？"

"那是因为名字早就写熟练啦！"有学生在下面喊。

"对，说得非常好，因为自己的名字不仅仅是会写，而是从小到大都在写，写得太熟练了，所以不会写错。大家好好想一想，在考试中我们失分的题都是自己不会的吗？"

"不是，很多是粗心丢分的。"有学生说。

"我们要想让学过的知识不失分，仅仅停留在'我会了'够吗？"

"不够。"

"那应该达到哪一步呢？"

"熟练。"大家异口同声地说。

"非常对，孩子们，这就是今天这节课的核心所在。"

就高中物理而言，新高考对学生的知识掌握有了更具体、更深入的要求，不仅要求学生将所学知识熟练掌握，还要求学生运用这些知识解决实际问题。"会"不等于"熟练"，"会"只是了解、知道，"会做"与"做对"之间隔着一个"熟练"，只有"熟练"才能熟能生巧、举一反三。平时我们练的是蒸馒头，而高考考查的是蒸面包，所以，只有"熟练"掌握知识才是应对新高考的王道！

● 编 者 按

学生不仅需要掌握扎实的基础知识，更要能够将这些知识熟练运用到实际问题中。"会做"和"做对"之间差的是"熟练"，在陌生环境中、在突变的情况下，依然能"做对"，靠的是无意识行为，靠的是肌肉记忆。

如何让学生意识到他们之所以出错，并不是"粗心"或者"不小心"，而是"不熟练"，如何引起学生的重视，永峰老师设计了切身的体验过程，让学生真切地去感受。只有触动内心的领悟，才能点燃改变的火花。

抛物线之美

河北省廊坊市第十七中学　数学教师　王营营

升入九年级，所有的同学都知道面临中考，不再像七、八年级那样，觉得荒废了还有大把的时间可以弥补，所以刚开学时的他们精神抖擞，劲头十足。但在第一次摸底检测中，成绩很不理想，部分同学非常地沮丧，觉得付出与收获不成正比，甚至觉得他们自己的能力已到极限，可能真的不适合学习。所以，我有些担忧，并不是因为成绩，我更为关注的是，当一个孩子丧失了奋斗的意志，可能会一蹶不振，很难再爬起来。

我本来也喜欢和学生聊聊，所以每天中午都会分别找两三位同学谈谈心，聊聊学习中的困惑，虽然帮到了个别的同学，但是整体的士气并没有太大的起色。

讲解二次函数章节"图象的性质"时，我在黑板上画出几个二次函数的图象，然后详细解释了它们的开口方向、顶点位置和对称轴等特性。同学们或认真听讲，或低头记笔记，课堂气氛比较活跃。但是讲到函数的增减性时，很多同学能理解，却在复述 $a>0$、$a<0$ 的增减性时出现混淆。我提示，同学们可以用一个简单动作来表示抛物线的形状，同学们在尝试着各种形状，有拥抱形的、有两根手指的……，我再次启发，有没有更漂亮一些的形状呢？"老师，我们可以用两只手做出托举的姿势，就是一个开口向上的抛物线。"说话的是小明，一个平时比较调皮的学生。

久久回响
那些有温度的课堂故事

我笑着走到小明面前，解释道："同学们刚找到的都是开口向上的抛物线形状，都很好。小明这个托举的动作，其实可以看成是一朵绽放的花，花由花苞到盛开，对应着抛物线的开口越来越大，所以抛物线的线条是非常美好的。那大家此时能不能很快地说出增减性了呢？"同学们都摆出一朵花，很顺畅地记清了开口向上的抛物线的增减性。我继续追问："那开口向下的抛物线又该如何表示呢？"有了刚刚的铺垫，同学们兴奋地演示各种动作，小军把花的手势向下翻，出现了看着蹩脚的抛物线；小阳用两手指尖作为最高点，一只手很自然地搭出开口向下的抛物线。我稍做总结："由此可以看出，抛物线是一道优雅而神秘的曲线，或者高高跃起，或者深深跳下，无论起点在哪，都可以画出一道漂亮的曲线。"

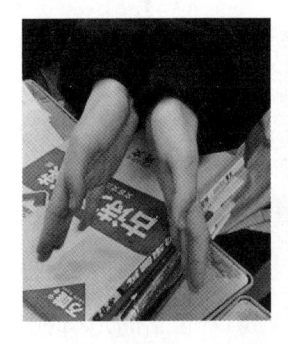

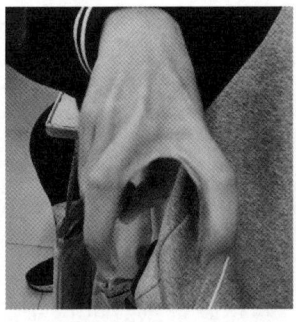

同学们再次摆出两种形状的抛物线，并依次说出它们的增减性。小明突然说道："噢，原来是这样啊……"我问："小明，怎么了？有什么发现吗？""嗯，我发现有逐渐递减的，有逐渐递增的，但它们都有一个转折点。"小明回答。"非

86

常好，你发现抛物线的隐性美了！""一直在努力但还没有明显提升的同学，不要着急，现在的你正在为自己积蓄力量，经过拐点后，你的能量会迅速爆发，就会越来越好；成绩一直优秀的同学，可能会发现自己到达一定高度后，就停滞不前，甚至有下滑趋势。通过今天学习抛物线，我们就知道了，起起伏伏是正常的事情，这就像我们每个人的人生，在前行过程中会有阳光大道，也会有绊脚石，充满了无数的转折。"同学们都纷纷点头，脸上有了些许释然的感觉，做好当下该做的，好的结果一定会在未来某一时刻展现出来。

我继续总结："同学们，胜不骄，败不馁，是我们的态度。每一次跃起，都是我们面对困难、挑战自我的勇气；每一次落下，都是我们接受现实、重新开始的智慧。只要大家把握住了抛物线的节奏，就像找到了人生的平衡。让这道曲线陪伴你们，走过成长的起起落落，体验知识背后的人生意义。"

学到二次函数这部分时，一方面，连续的线上课导致学生们的基础薄弱，一次函数学得不是很好，而且学长们口口相传说二次函数很难，使很多学生早早就认定二次函数是巨难学，谈函色变，潜意识就发怵。另一方面，第一次摸底检测成绩的不理想，也导致同学们比较沮丧。学生们状态不佳，我当然也忧心忡忡，所以，就在想怎么能找个合适的契机，设计一节微班会，让学生在课堂上能体会到人生总会有些起起伏伏，任何事都不可能一帆风顺。这节二次函数课，讲抛物线的最高点、最低点、增减性，正好适合，所以做了这样的策划。这节课后，学生们的状态有些好转，不再急于马上有结果，埋头于日常学习中。

● 编 者 按

抛物线是一种非常美丽的曲线形状，展示了自然界中许多物体的运动路径，营营老师通过引导，**让学生感受到数学的美**，不仅能提升学生的学习兴趣与积极性，而且有助于培养学生的审美情趣与创造力。

> 数学中蕴含着许多道理，抛物线作为初中数学一种重要的曲线形式，其独特而神秘的几何形态，**带给我们许多生活启示和道理。**营营老师巧妙地利用了这个教学契机，让学生体会到人生总会有些起起伏伏，任何事都不可能一帆风顺。有些时候，人生就像过山车，有时飞速上升，有时极速下降，最重要的是，坐稳，保持乐观积极，享受每一次飞翔和下坠，待到春花烂漫时，你会发现，这些"下坠"也是我们宝贵的财富！

我们组先上

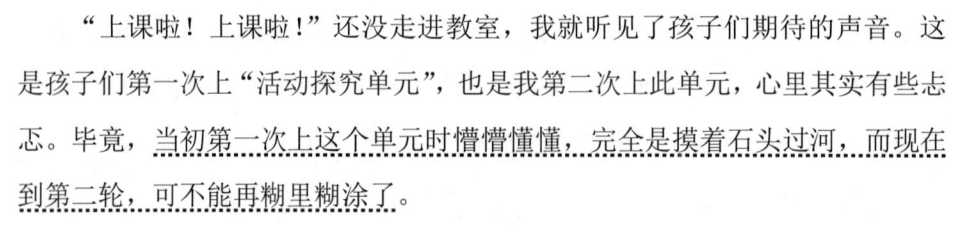

广西壮族自治区柳州市第十四中学　语文教师　刘倬丽

"上课啦！上课啦！"还没走进教室，我就听见了孩子们期待的声音。这是孩子们第一次上"活动探究单元"，也是我第二次上此单元，心里其实有些忐忑。毕竟，当初第一次上这个单元时懵懵懂懂，完全是摸着石头过河，而现在到第二轮，可不能再糊里糊涂了。

先说说这"活动探究单元"。其核心在于"活动"，在教学中如何设计活动，让学生积极参与和实践，最终构建知识结构，形成相应的语文能力是备课的重点，也是亟需突破的难点。

在完成"任务一新闻阅读"时，我精心设计了几个活动，孩子们兴致勃勃，非常喜欢，所以在学习"任务二新闻采访"时，孩子们非常期待，前一天就有好几个孩子跑来说："老师，老师，任务二有什么活动？""像不像任务一那么有趣呢？""老师，好期待明天新闻采访的学习呀！"我笑眯眯地说："保密。"这让孩子们更期待了。

这是两节连堂语文课，正好能连贯完成这一内容的教学，我走进教室，孩子们读书声整齐而洪亮，捧着书本，眼中透露出期待的光芒。通过"访谈类节目"导入后，我设置了情境：新学期，学校广播站准备招募新一届的校园小记者，为此举办一期新闻采访特训营，参加并完成相关培训和考核，就可以正式上岗了。请同学们以小组为单位，完成相关的培训和考核。<u>引导孩子们直接参与，触动其情感体验，孩子们的兴趣迅速被激发。</u>

在这一情境中，我设计了三个培训课程——"采访知识会""采访选题会""采访提纲稿"，通过讲授、小测试、课堂训练等方式，以及完成"采访选题及小组分工任务单"、拟写采访提纲等活动，让孩子们顺利掌握关于新闻采访的基础知识。

采访选题及小组分工任务单

组别	
选题	选题：_____ 理由：_____
分工	组员1：_____ 分工：_____ 组员2：_____ 分工：_____ 组员3：_____ 分工：_____ 组员4：_____ 分工：_____

采访提纲

时间	
地点	
采访对象	
采访目的	
采访方式	
采访器材	
采访问题	_____ _____ _____

89

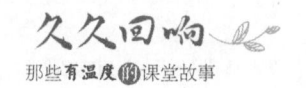

这一情境的核心任务是考核，考核形式为模拟采访，即以小组为单位考核，根据之前每个小组的选题及设计的问题模拟采访，我准备了"新闻采访提问评价量表"，每组选出一位学生作为评委为其他组进行评分，计算总分，评出优秀采访团。

新闻采访提问评价量表

评价维度	评价指标	具体表现	评分
设计问题（20分）	具体化（5分）	问题具体明确、不空泛	
	客观性（5分）	问题客观，不带主观情感倾向	
	针对性（5分）	紧扣主题，针对性强	
	逻辑性（5分）	问题之间有逻辑联系，条理清楚	
语言表达（10分）	流畅（5分）	吐字清晰，语言流畅、自然	
	语速（5分）	语速适中，采访对象能理解，不拖沓	
采访礼仪（10分）	姿态（5分）	站姿或坐姿端正、不僵硬	
	表情（5分）	表情自然、不紧张，与对方有眼神交流	

出示考核任务并明确考核要求后，教室里就像炸开了锅，真是人声鼎沸，孩子们迅速开始抱团。一组组长效率极高，马上开始分配任务——"小婷、小华做记者，小杰你是被采访人，小宇你负责记录……"之前完成的小组分工任务单派上了用场。这边三组有孩子举手了，"老师，要不要安排摄像师？"我忍俊不禁，道："你们自己决定！"二组已迅速占领教室后方空地，开始模拟演练了。"快点，你看他们组都开始排练了！"有小组开始着急了。"不急不急，我们是要出精品的，着什么急！还有时间呢！"孩子们热火朝天地讨论着，开心地演练着，看着这些生气勃勃的孩子们，我暗暗为自己今天这节课的设计而点赞。

"讨论时间到！考核即将开始啦！"几乎所有同学都在举手，"老师，我们组先来！""老师，我们组一定会让大家眼前一亮！""老师，给我们组先上，一定会给你惊喜!"无奈,我只能抽签。"15号!小叶,你们组先来!"教室里一片哀嚎,而小叶组则是高声欢呼。在孩子们期待的目光中,模拟采访正式开始,果真是准备充分,精彩纷呈——

小组分工明确。例如,一组选题是"学生手机进校园",采访对象有学生、有家长、有老师,采访面很广。

问题设计合理。例如,七组的选题是"传统节日——中秋节",设计的问题是:(1)请问您打算和谁一起过中秋节?(2)您知道中秋节为什么要吃团圆饭吗?(3)您知道哪些与中秋节相关的故事?请您和大家分享。

表达流畅,仪态大方。不管是记者还是受访者,均落落大方,口齿清晰,表达连贯流畅,像模像样。

有创造性。例如,八组还安排了摄影师,一直蹲在地上,肩头扛着一本卷着的书充当摄影机;一组扮演家长角色的孩子,还模拟推着自行车。

一组组精彩的模拟采访,让考核任务精彩连连,欢笑连连。下课了,孩子们纷纷说道:"老师,怎么这么快就下课了!""老师,我们还要上语文课!"孩子们开心,我也开心——是啊,<u>这样双向奔赴的课堂不就是我们理想的课堂吗</u>?学在课内,得在课外,学有所得,学有所获,精心创设情境的课堂,就是这么棒!

● 编 者 按

"老师,好期待明天新闻采访的学习呀!"精心创设情境的活动探究课,让学生们充满憧憬,热火朝天地讨论,开心地演练,生气勃勃,欢笑连连,**能量值打满!**

新课改指向学生的核心素养,体现为学生在真实情境中解决复杂问题的能力。**"任务驱动、情境体验、真实探究"**的课堂,充满生机,有助于激发思维,提升能力,体现教学的意义与价值!

师者匠心

山东省招远市玲珑镇罗山初级中学　化学教师　杨明河

（现任教于山东省招远市罗峰学校）

初中化学"原子的结构"，教材上把立体的原子抽象成平面的图形，我总觉得这部分知识比较抽象，难以理解，有没有更形象的方法，帮助学生更直观地感知到原子的立体组成和结构呢？有没有原子的立体结构模型或教具？

这些问题萦绕在我心头很久，查看化学仪器室教具和上网搜索，我发现只有分子结构模型。而对于初中学生而言，迫切需要一个直观立体的原子结构模型，降低学生空间想象的难度。初中化学老师的职责，是要在孩子们的心中种下一颗"化学"种子，让孩子们获得更多的感性认识和理性思考，进而萌发出对化学的好奇心和学习兴趣，这样才能让这颗种子更加茁壮地成长。既然没有，何不自己制作一个呢？就这样，一颗"做一个氧原子模型"的种子，在我心里萌芽了。

说时容易，做时难。为了充分体现原子的立体结构特点，凸显出质子、中子和电子在原子模型中的主体地位，我的总体思路是让质子、中子和电子都用亮丽的颜色，其他部分和配件则尽量是透明的或隐身的。

我用8个体积不大但质量相对较大的红色磁性钢珠作为氧原子核内的8个质子，8个蓝色磁性钢珠作为氧原子核内的8个中子，它们吸附在一起，构成"氧原子的原子核"，而且这样可以少用一个充当原子核边界的球体；用8个体积和钢珠差不多、看上去比较轻盈的黄色塑料空心小球作为"氧原子核外的8个电子"，我曾经想用看上去更加轻盈的保温箱白色泡沫颗粒来充当电子，也能体现出"电子的质量仅仅是中子的三千分之一，可以忽略不计"这个概念，只是制作泡沫颗粒难以保证大小的一致性，泡沫易碎，不利于长期使用，而且讲台上的反光可能会影响孩子们的观察，我决定暂且放弃。

用大小不同的透明马克球作为"第一和第二电子层"，这也能很好地解释教材里的原子结构示意图中电子层为什么画成弧形。在较小的球体上镶嵌2个电子，较大的第二电子层镶嵌6个电子，并留出两个空洞，用于后续讲解"氧原子得到两个电子形成氧离子"和"氧原子与两个氢原子通过共用电子对形成水分子"等相关知识。虽然这两层的电子数并不固定是 2+6，高中大学会有新的解释，然而，对于初中学生来说，先学习原子的简易结构，对原子有一个直观理解就够了。

<u>确定主体结构耗费了大量脑细胞，选择辅助配件也费尽心思。</u>比如，原子核和电子层可以看作是同心球体，因此需要把几个球体套起来，再把它们连接成同心球体。我一开始考虑用透明钓鱼线把这些球体串成同心球，可由于钓鱼线太软，内部球体总是晃动，效果不够理想。于是就想找一个又细又长又坚挺且能够达到隐身效果的透明支撑杆来替代钓鱼线。

为了尽快找到理想的透明支撑杆，我各种冥思苦想与查阅资料，<u>那段时间走路总是东张西望，忍不住翻翻垃圾堆，跟着吃烤大饼的小孩看竹签的长度……</u>路人看我的眼神也有些怪怪的，感觉在说"这个人神经兮兮的"。功夫不负有心人，偶然一次去商店买东西，看到柜台上摆放着长杆棒棒糖，我眼前一亮：天呐，这不就是我"理想的支撑杆"吗！心里那个开心呀，简直比吃了棒棒糖还甜，真是踏破铁鞋无觅处，得来全不费工夫！买了棒棒糖后，我一路小跑回家，抓紧捣鼓原子模型。

原子模型像个小号西瓜，我总不能抱着它给孩子们讲课吧？像地球仪那样，给我的原子模型配个底座，底座上再装个小轴承，把支撑杆固定在小轴承上，这样原子模型就可以旋转起来，讲起课来也应该方便多了。于是，买底座、买小轴承，拆了装，装了拆……反反复复尝试，感觉制作原子模型那几个月，我像着了魔似的。经过材料选取、加工、组装等多个环节的多次尝试，我前前后后做了三个，一个比较满意的原子模型终于问世啦。

当我把原子模型拿到教室的时候，孩子们立刻兴奋起来，一双双好奇的大眼睛紧紧盯着模型，"快看，杨老师拿来什么东西？""不就是个球嘛！""不对！球里面还有球，球上面也有小球。""哇！化学老师是做了个啥模型呢？""这是不是构成原子核的质子和中子？这些透明球是表示电子层吗？透明球上的小黄球就是电子？""是两层电子吗？里面是两个，外面是几个？让我数数……""原来原子内部结构是这个模样""终于见到原子结构的真容啦！""原子结构的神秘面纱就这么被揭开了。""原子结构，真简单！"……

面对孩子们的惊讶与好奇，你一言我一语的热烈讨论，我心里甭提有多高兴了。我故作失落地说："本来打算对照着模型，再给大家梳理一下原子结构相关知识。可一个小小的原子模型，顶得上化学老师半张嘴。我看我还是休息一下，你们自己来分析原子的结构和性质吧。"孩子们开始热烈讨论原子内部各种微粒的数量关系、质量关系、电荷关系、体积关系等相关知识。

有了原子模型的辅助，这节课我上得如鱼得水、酣畅淋漓。孩子们对知识的理解和接受也更加容易，课堂效率比以前提高很多，学习效果也比以前好得多。

课后，孩子们争抢着原子模型，非要再研究研究。我顺水推舟，何不顺势挖掘一些动手能力比较强的孩子们呢？"借给你们可以，哪位同学能回家也做个原子模型啊？看看谁做得比老师的还好。"一些孩子眼睛发亮，"老师，这个模型看上去挺难的，但是，我想试试。"我当然开心："这个模型确实有难度，但是有挑战性的事情不是才有意思嘛！大家或多或少都知道北京大学的'韦神'，他具有那种废寝忘食的钻研精神，才能在数学领域有如此的成就。老师做这个原子模型，也经历了一段时间的煎熬，日思夜想，做不出来难受，做出来兴奋，大家的学习也是，'不经历风雨怎能见彩虹'。大家可以通过小组合作完成，有想不通的，来找老师商量。老师为你们勇于挑战的精神点赞，期待你们的作品哟！"

"心里种下一颗种子哒啦滴哒啦，它能实现小小愿望有神奇魔法，听说每个小孩都想要得到它，准备好啦，哦呦，一起探索吧……"，我也在孩子们的心中种下了一颗种子，这颗种子正在自由地萌芽和生长。

● 编 者 按

把抽象的难以理解的原子知识形象化，**让学生直观地感受到原子的立体结构**，"揭开原子结构的神秘面纱"，激发了学生的学习兴趣，为学生们种下一颗"好奇心、想象力、探求欲"的种子。

明河老师几个月来殚精竭虑、日思夜想，自己动手制作氧原子立体结构模型，一片冰心在玉壶。**老师对学科的热爱、对教学的全情投入**，耳濡目染，会对学生产生深远的影响，让他们更加认同与喜欢这个学科，更加主动积极地学习化学，从此爱上化学学科。

快板课堂

四川省资阳天立学校　语文教师　吴边

预备铃一响,一班教室立刻响起朗读声:"唧唧复唧唧,木兰当户织……"走廊上瞬间不"安静"了。

在孩子们期许的目光中我走上了讲台,从寒假就盼望的木兰从军的故事,孩子们已倒背如流。

两节连堂课的整体设计是:整体感知—重难点突破—朗读背诵—总结消化,通过群学、独学的形式来提高学习效率。前两个环节顺利完成,最后10分钟来到了朗读消化环节。

在巡视时,偶然发现有一个小组传来了笑声,虽不是很大声还是被我发现,我疾步上前一探究竟。组长小伍同学得意地和我分享:"吴老师,我发现这首诗这样读很好玩儿。"说着就迫不及待地给我演示她理解的节奏:"唧唧/复唧唧,木兰当户织/。不闻/机杼声,惟闻女叹息/。问女/何所思,问女何所忆……"开头这几句,她读出了"嗒嗒,嗒嗒嗒,嗒嗒嗒嗒嗒"的韵律,即刻,我也觉得很上口,于是我让小伍小组继续往后读,四位同学甚是开心地"享受"着自己的创造,认真动情地在小组内读起来,他们的声音越来越大,他们的情绪越来越高涨,课堂其他小组的同学突然安静了下来,都认真听这个小组有节奏感的朗读,大家静静地听着,他们忘情地读着……

突然,到了"不闻爷娘唤女声,但闻黄河流水鸣溅溅"卡住了,小组整齐的步伐一下子乱了阵脚,原本微风拂面陡然化作狂风肆虐,教室里一下子乐开了花,明明是崇拜的享受,忽然幻化为凌乱的喜剧,大家笑作一团,几乎要倒成一片。我完全被这群可爱的"朗读者"的情绪"俘获"了，原来快乐如此简单。转念一想，这首诗歌本就是北朝民歌，创作的本意或许就是用来咏唱，于是我立刻抛出问题："孩子们，刚刚大家欣赏了1组同学的表演，现在我们发挥集体的智慧，各小组分别探寻一种最佳的韵律来朗读，看看哪个组的读法最帅气。"孩子们顿时热血沸腾，教室里犹如突然往水里扔进一颗炸弹，水柱冲天而起，水花四处飞溅，此时有韵律无韵律、美与不美已经不重要，在此起彼伏的声浪中语文课变成了自由吟唱的音乐课堂，各种东西南北风的原生态咏唱一应俱全。

在声与情的宣泄中下课铃声响了……

孩子们意犹未尽，最后我临时决定在晚自习之前10分钟搞定这个任务，各小组下来再探索"定稿"，孩子们欣然同意，我也踏着充满韵律感的步伐走出了教室。

晚自习前，我提前15分钟到教室，孩子们已经"交头接耳"地沉醉在自我创作的世界中，热烈讨论。8个小组争先恐后地进行了片段朗读展示，百花齐放，百家争鸣。最后，大家一致同意就按照文章的断句来读，即"嗒嗒嗒嗒嗒，嗒嗒嗒嗒嗒，嗒嗒嗒嗒嗒……"到了"不闻爷娘唤女声，但闻黄河流水鸣溅溅"就用连读，孩子们发现这个好像是快板节奏，我们没有快板，大家就用手拍课桌来打节奏。立刻行动，我举起手机记录下这美好而快乐的一刻，完美，一遍过！孩子们脸上洋溢着成就感爆棚的自豪，青春快乐在这一刻被孩子们诠释得淋漓尽致。

突然，门口出现一个高年级的男生，他礼貌地敲着前门，怯生生地说道："吴老师，请你们轻一点，我们班在测试，谢谢！"然后，"唰"地不见了踪影，他的身后留下我们的一片笑海……

久久回响
那些有温度的课堂故事

● 编 者 按

　　读了这个故事，相信各位读者也会感觉淋漓尽致。诗词的朗诵展示，学生们的"百花齐放，百家争鸣"，韵律无韵律、美与不美确实不是很重要，**学生们自由地创作，脸上洋溢着成就感爆棚的自豪**，是多么美好的学习状态。

　　学生们发现了吟诵的乐趣，却又遇到了"精进"的困难。吴边老师的智慧在于尊重学生，小心呵护着"不愤不启，不悱不发"的时机，因势利导，让学生真正成为课堂的主人，最终师生享受到了学习本身的乐趣。

奔跑着的中文课

奥地利维也纳中文学校　　中文教师　　宁圉晨

　　给学生上课我最怕什么？最怕学生打哈欠，犯困。课堂无趣肯定是造成犯困的原因之一。我一直要求自己，要做一名令学生上课不犯困的老师。挖空心思设计游戏，是我的一个办法，小组接龙、你来比划我来猜、扑克牌配对等，有些游戏是从网络上学的，有些是同事们讨论的。最近的一次跑步背词语，让我印象深刻，而且对我可爱的学生们有了更多了解。

游戏其实很简单，学生们都在教室的一侧站好，旁边放张白纸。书放到教室的另一侧。要求是把书上的指定词语，用最快的速度抄写到白纸上，谁最先完成，谁就是赢家。因为有近 30 个学生，我们的教室太小，就去了楼下的舞蹈教室。

一行人来到舞蹈教室门口，大家脱了鞋子。偌大的教室，学生们陆续进来。Louis 第一个冲进去，蹲上窗台；Jodan 爬上了肋木架，马上爬到顶；其他人有样学样地也要上。<u>天呀，像一群猴子进了花果山。</u>我勒令他们都下来。我们要上中文课，不是"上蹿下跳"课！我再次讲了游戏规则。这才发现能写字的地方只能是窗台。另一侧要想放书，只能放地上。随遇而安，就这样吧。把人分在不同的窗台，还是放不下，好尴尬哦。没关系，旁边的垫子上也行，只要能放下纸写字，都能用。

游戏要开始了。部分同学才发现没带纸来，Jimmy 和 Manuell 就抢着回教室拿。他们迅速穿好鞋，跑回教室去取。很快，大家都拿到了纸。我正要说开始，这边又发生状况。把垫子当作写字台的孩子把书掉到了垫子后面，怎么也拿不出来。那个平时上课就爱自己闷头玩的 Manuell，一下子趴在了地上，整个手臂伸进垫子底下，帮同学够出了课本。<u>我才发现平时中文说得磕磕巴巴的小 Manuell 这么热心肠！</u>

随着一声"开始"，学生们拼命地从教室一边跑向另一边，小灵欣攥着小拳头，那个认真呀！教室里全是咚咚咚的脚步声。因为没穿鞋，舞蹈教室地面很光滑，很多同学在快要靠近书本的地方来个潇洒的漂移。看一下书，之后跑回来。常常跑到一半，自言自语道："坏了，怎么写来着？"又重新跑回去。游戏中我生怕他们互相撞到，不停地讲：小心，别摔倒！大多数学生在紧张地奔跑或写字。

久久回响
那些有温度的课堂故事

有个孩子跑过来，告诉我，大个子他们几个在作弊！怎么还能作弊？原来，大个子把书藏在 T 恤里。直接趴在窗台上抄呢。我小步跑过去，小声责备，"不可以耍赖！"时间一分一秒地过去。中文最好的徐同学第一个完成任务。我检查了一下，全对，很好。这时下课铃声响了，没来得及更多点评，同学们带着一头的汗水，穿上鞋子，回到教室，准备下课。

把课本掉到垫子后面的同学有些落寞地朝我走来，说："老师，我不喜欢这个游戏。"我安慰他说："好的，我知道了，下次我们换个玩法。"

这次人声喧腾的游戏中，我看到了，有的孩子很热心，有的孩子很努力，有的孩子很调皮，有的孩子无视游戏规则，有的孩子爱表达……。这节课虽然状况频出，教学目标肯定是达成了，而且肯定没有犯困的。

● 编 者 按

只要不是"排排坐吃果果"，策划一些活动的场景，**学生们就会迸发出与众不同的魅力**，老师就会发现"平时中文说得磕磕巴巴的小 Manuell 这么热心肠"，老师对可爱的学生们就会有更多的了解，对学生的特点、能力和兴趣了然于心，在设计教学内容和教学方法时，选择空间就会更大，更加适切。

运动中背单词，不仅仅是一种创新的游戏方式，而且跑步时，加快血液循环和心跳，刺激大脑分泌更多的多巴胺，能够提升记忆力，是一种有效的学习方式。广而言之，**如何让学习更加有趣、有效、有意义**，是一个值得深入探讨的课题，学生不同，场景不同，可选择的策略必不相同，需要我们持续地探索与实践。

头脑风暴带来的无限惊喜

河北省廊坊市第十七中学　数学教师　王营营

函数的学习之所以会成为很多学生的一大挑战,其主要原因是学生缺乏识图能力,无法做到数与形的充分结合,而数形结合思维在数学学习中又占据着举足轻重的地位。特别是在函数领域,通过绘制图象来理解函数的性质是至关重要的,最理想的情况是学生主动参与亲身实践操作以深化理解,然而,由于函数概念的抽象性以及教学进度等实际因素的制约,我以往也是自己讲得多做得多,总不敢把关键点留给学生处理,所以每次讲函数时总是非常纠结:到底要不要放手让学生探究?怎样放手?

在学完二次函数的表达式和图象后,我总想在"二次函数 $y=ax^2+bx+c$ 的图象与系数的关系"这一讲中让学生自己去发现,希望通过合作讨论培养学生的识图能力。事实上在进教室前,我心里一直在打鼓,很难预想这节课的教学效果,甚至担心教学任务完成不了,白白浪费掉一节课。

走进教室,我默默地在黑板上画了一条开口向上的抛物线,然后问:"同学们,从这幅图中,你能得到什么信息?""开口向上!"大家异口同声地说道。我继续问:"还有呢?""图象有最低点!""非常好,继续挖掘!"这时有同学说出了增减性,我很惊喜,这样的一条光秃秃的抛物线,都能发掘这么多信息,大家都非常兴奋。我继续提问:"那老师把这条抛物线放到平面直角坐标系中,再给出它的表达式,大家一起来进行头脑风暴,看看谁能挖掘出更多惊喜?"同学们都跃跃欲试,"2分钟后咱们开始抢答!"全班一下进入安静的思考模式。

"时间到,开始抢答!"最先说出的是开口向上、有最低点、增减性等上

久久回响
那些有温度的课堂故事

道题已经提到的结论,我微笑着问:"同学们,开动脑筋,还有没有新的发现?""老师,我发现了与坐标轴的交点。""非常好,还有补充吗?""老师,我找到了交点坐标!"我满怀期待地望向他们,"老师,还能知道对称轴。""太棒了!能告诉大家如何得到的吗?""抛物线具有对称性,所以与 x 轴的两个交点应该关于对称轴对称。""完美,还有补充吗?"

气氛越来越活跃,大家你一言我一句,挖掘了一大堆惊喜,我继续追问:"还有吗?"同学们面面相觑,感觉已经很彻底了,我故作神秘地提示道:"这些信息跟函数的系数没关系吗?"同学们醍醐灌顶,一下找到了方向,在小组合作下,找到了三个系数的符号特点。我表面镇定,内心欣喜,继续发问:"函数解析式跟一元二次方程,有联系吗?"同学们恍然大悟,我趁势又给了同学们一个新的图象,大家很快获取了图中的信息,并且这些信息的发现就是通过识图得到的,并没有进行太复杂的运算和推理,同学们像发现新大陆一般激动。

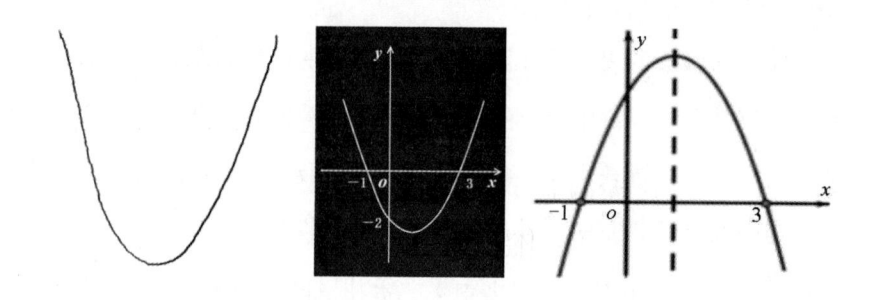

经过两次头脑风暴,同学已经能够建立函数图象与系数之间的联系,我开始激发逆向思维,"由图象可以得到函数表达式中的系数信息,那么,逆向思考,给出函数的表达式,你能否画出抛物线的草图呢?"

"那么接下来我请一位同学来当小老师,给大家出题,给出函数表达式,其余同学来画图。"同学们摩拳擦掌,跃跃欲试。

课堂气氛瞬间被再次点燃。我微笑着扫视了一圈教室,然后点了看起来颇为自信的王同学,让他上台出题。

王同学大步流星地走上讲台，拿起粉笔，在黑板上写了函数表达式：$y=2(x-1)(x-3)$。然后他转身面向同学们，眼中闪烁着挑战的光芒。

　　同学们看到这个表达式后，立刻开始忙碌起来。有的拿起笔在纸上画图，有的低头思考，有的则在互相讨论。教室里弥漫着紧张有序的氛围。

　　不久，同学们开始陆续举手展示，可爱的"王老师"对每个同学都进行了点评，指出了他们的优点和不足，台下同学时而喝彩时而举手补充。在这个过程中，我感受到孩子主动思考与思维碰撞的火花。

　　最后，我总结道："今天我要为你们积极的学习态度和研究精神点赞，这节课不仅巩固了数学知识，还锻炼了我们的思维能力和动手能力，同时发现了一位很有潜质的老师，我们把掌声送给'王老师'！"

　　同学们纷纷欢呼，从大家的眼神里我读出了对王同学的赞美和对数学的热爱。

　　下课铃声响起，同学们依然沉浸在知识的海洋中，意犹未尽。不少同学反馈说这节课收获很大，而对我而言，这堂课，我们从二次函数的常见图象出发，让同学们去建构与之匹配的解析式；反过来，给出二次函数的不同形式，同学们从数来找形，实现从数到形的逆向思维，<u>深入渗透数形结合的思维，和学生们一起以形辨数、以数辨形，体验了一场精彩纷呈的思维盛宴</u>，我深感，原来和学生们的头脑风暴能收获那么多惊喜！

编者按

数形结合思想，是数学核心素养的基石之一，营营老师引导学生以图象的构建直观理解函数关系，以图解方式洞察函数性质，快速画图，高效识图，师生共同探索，从数找形、以形解数，实现数与形的完美结合，**享受着一场数学抽象和几何直观并重的思维盛宴！**

课堂就是一艘行驶的帆船，老师是掌舵者，头脑风暴就是行驶过程中激起的美丽浪花，学生们在课堂上自由地分享、质疑和辩论，**他们的思维碰撞像火花一样绚烂无比**，把课堂交给学生，让他们充分地自主探索，才能构建起坚实的知识框架，发现更多的学科奥秘。

回归生活
贴近现实世界的课堂

  新课标倡导"加强知识学习与学生经验、现实生活、社会实践之间的联系"。约翰·杜威认为"教育即生活""学校即社会",确实,创设真实而有意义的学习情境,引导学生积极主动地投入活动,激发学生的真情实感和学习热情,会让教学更有趣,更有效。

故事视频

河北省廊坊市大城县第四中学　王宁老师

爸爸的青春期也很不堪

广东省阳春市第三中学　生物教师　罗潇红

七年级生物课本中有关"青春期"的学习内容比较简单，只是介绍了青春期身体的变化、青春期心理变化及其卫生两个知识点。如果仅是从知识层面讲这节课就略显浅薄了，在备课时我突然想到：能不能通过这节课解决一些青春期学生和家长遇到的问题呢？

有经验的初中老师都知道，七年级的学生春节返校后，往往有一部分学生身体迅速长高，声音开始发生变化。根据以往的经验，这个阶段的学生会有很多的疑问和惶恐——自己这种变化正常吗？其他同学的情况一样吗？看着身体的变化，心里很害怕——这是怎么啦？女生也会有很多不适——胸部的发育、例假的处理、心理的变化等。这些都会让处于青春期的孩子心里产生十万个怎么办。同时，青春期，一个充满变化的阶段，往往伴随着孩子与家长之间的一些冲突。家长困惑于孩子为何突然变得叛逆，孩子则对一直依赖的父母感到不满，甚至厌烦他们的唠叨。这就让孩子与父母都非常难受，家里的战火时时燃起，无法停息，家长也感觉非常烦恼。因此，"青春期"这节课在七年级下册的教材中占据了重要位置，编者意在引导孩子们不仅要了解青春期的生理变化，更要正视青春期的各种心理烦恼。如果老师们只是简单地完成知识的教学，而未能把学生在青春期遇到的烦恼解决好，那么这样一堂课便难以称为优秀。因此怎样上好这节课，我是颇费了点心思。

终于到了上课时间，我跟同学们说："今天我们要上"青春期"这节课，大家通过预习，能概括这节课讲的知识点吗？"同学们马上七嘴八舌地讲出了知识框架。接着，我问道："同学们，你们进入青春期了吗？"同学们开始相互观望，有的羞涩地微笑，有的低下了头，不敢直视我的眼睛，有的则托着下巴，显得有些不好意思。我笑着说："这节课，我们要大方地谈谈我们的青春期，把大家的烦恼都交流交流，看看你跟别的同学有什么不一样。而且，今天我要给大家一个惊喜，大家看，谁来了？""哇，你怎么来了？"两声尖叫，美美和思思两位女生看到了自己的家长，而另一位男生小宇则瞪着眼睛不敢相信似的看看我，又看看他爸，因为我知道他跟爸爸正在闹别扭呢，<u>他看到爸爸，应该是五味杂陈</u>。我留意到他的表情，如果不是因为平日里对我的尊重，他可能要冲动地飞出教室了！我邀请家长们入座，然后走到小宇面前，对他说："今天，我要玩个魔术，请你配合我一下。"

家长们入座后，我郑重宣布今天的课即将开始，并请同学们按照我的指示行动。男生、女生各分成四组，分别坐在教室的四个角落里。这样的分组是有意为之的，目标解决的是同性别的同学们生理、心理上的问题，所以必须安排同性别的同学坐在一块，方便交流而不至于尴尬。大家都坐好后，我宣布正式上课。

在分享个人经历和感受的环节，同学们的表现相当出色。现在的孩子都比较开放，虽然一开始有些拘谨，一旦打开了话匣子，他们便无所不谈。因此，顺利地达成了课堂的第一个目标——通过同学们的交流，更好地了解自己和别人，原来大家都有相似的经历和感受，没什么大不了的！

接着进入第二个环节——请家长谈谈自己的青春期。家长们害羞了！在孩子面前谈自己，多不好意思啊！所幸前期工作做得充分，<u>家长们放下了"端着的"家长架子</u>，讲起了自己青春期最尴尬的事儿。小宇的爸爸讲的是他当时跟他爸闹僵的事：应该是在13岁那年，因为觉得家里穷，我上完初一第一个学期，也就是你们这么大，就想跟着村里人外出打工，那时候听说外出打工很赚钱很潇洒，全村人几乎都去打工了。我当时觉得自己学习成绩一般，家里又穷，爸爸身体不好,哥哥读书比我好,想让哥哥继续读书,我去打工挣钱,让家里的生活也好一些,还不用天天在教室里听那些听不懂的天书!爸爸听说我要辍学打工,发了一通大火,差点把家里唯一一张八仙桌都砸烂了,但是也没震慑住我这颗驿动的心。我留下一句"我已经长大了,你别管我,我发财了会回来的"就走了……小宇爸爸详细讲了他赌气辍学、去打工、工作中受气、工资很低、被生病的爸爸带回家、再次上学、发现读书的价值、喜欢上读书的心路历程。

他在讲这个故事的时候,我一直在关注着小宇的表情。我知道,这段时间以来,他在和家长闹矛盾,对读书失去了兴趣,认为读书毫无意义,而且他的成绩也确实不尽如人意。我发现小宇并没有看他爸,一直低着头,一开始时,还在玩手中的笔,后来他静了下来,不玩笔也不做其他事了,虽然没有抬头,但是我感觉他在听爸爸的故事。难道他爸从来没有跟他谈过这个事吗?我正在疑惑,突然听到小宇爸爸说:"小宇,我知道你也不想读书,在家里我很少能跟你说上句话,因为只要我一出声,你扭头就走,<u>早想跟你讲讲爸爸的故事,可是没有机会</u>。其实当时如果没有去打工的那段痛苦的经历,也就没有咱们家今天的幸福生活。但是我也在刚刚讲故事的过程中想明白了,如果你坚持不想读书,你也可以尝试一下找份工作试试打工的滋味,也许经历比读书更有意义。"这时,小宇抬起了眼,似乎在思考,他有点扭捏地说:"我们还是回家谈吧。不过今天听了你的故事,我还是再想想吧。"之后,几位家长又谈了一些对孩子们青春期的期望等话题。同学们都听得非常认真,<u>感觉这节课,不管是家长还是学生,都重新认识了自己和对方</u>,取得了比较满意的教学效果。课后,不少学生问为什么没有叫自己的爸爸妈妈来,他们也想听听自己爸爸妈妈的故事。其实这些故事在日常生活中,孩子们未必能听下去,可是在课堂这一特定的环境中,学生们的感受就不一样了。

这节课就是这么圆满!不仅解决了学生的自我认识和自我接纳的问题,还让家长和学生都能从青春期这一特殊时期中找到青春的影子，解开青春期父母与孩子相处的锁，这是非常有意义的一节课。每次回忆起这节课，我都能深切感受到课堂教学所实现的育人效果。其实，教书与育人并重，才是最为关键的。

编者按

把家长请进课堂，不是观摩，而是成为课堂教学的一部分，家长现身说法，和青春期的学生产生共鸣，帮助学生领会生理变化所带来的身体和心理上的种种变化，同时解决家庭矛盾。这节课，是新课标倡导的"加强知识学习与学生经验、现实生活、社会实践之间的联系"的完美体现。

立德树人，是教育之根本，课堂是立德树人的最后一公里。潇红老师的这节课，超越了简单的知识传授，站在学生与家长角度思考问题，促进双方彼此理解、共同面对，**发挥教学活动多方面的育人价值**，是一节"心灵互动、思维碰撞、情感激荡"的好课。

银杏树下的诗歌

四川省资阳天立学校　语文教师　吴边

"满地翻黄银杏叶,忽惊天地告成功。"12月的深秋,伴随着银杏的金黄悄然而至。

已经开始上九年级下册的内容了,第一单元是新诗单元,这个单元有对自然的赞颂、对社会的歌咏、对理想的追求和对信念的坚守。舒婷对祖国深沉而浓烈的热爱,陈毅同志对革命胜利的坚定信念,沈尹默、戴望舒、卞之琳、芦荻和聂鲁达对追寻真理和积极情绪的表达,孩子们的诗歌热情被点燃了。有同学自己创作了一些小诗让我批改,于是我琢磨着寻找契机和孩子们一起探寻诗歌,共创诗歌。但闭门造车是不可能写出诗歌的,孩子们现阶段缺乏丰富的人生经历,更缺乏创作的灵感,在教室里咬破笔杆也徒劳无用,诗歌必须是感情和现实的融合,我在等待机会。

一日上课,恰瞥见教学楼外被阳光折射进教室的一片金黄,秋风一碰,银杏叶充满诗意地飘飘洒洒。是的,就是这个契机了,马上安排!

选了两节连堂语文课的一个下午,我先布置任务:"同学们,今天我们的语文作文课到外面去上……""哇——"讲台下一股快乐的热浪向我袭来。"不要激动,先听老师的安排。出去上了回来要写作文……"瞬时,台下一半以上同学的表情凝固了。"不过,我不强迫大家一定写什么,我们今天来写写诗歌。大家可以学学舒婷诗歌里面突出的意象,学习《短诗五首》里面自然与哲理的融合。写几行我也不做限制,咱们先去捡银杏叶,然后自由创作。"大家表情立刻释然了,广阔的天地一定能让求知的心自由翱翔。

孩子们和我飞奔到了银杏树下。满地的金黄，灿烂的笑容，和暖的阳光，这个下午只属于这一群诗一般的少年。

银杏叶捡完了，是不是该回课桌前写作了？

<u>不，绝对不可以。那一刻我深深地知道，自然是最好的教室和课堂。</u>

我们来到下一个可以激发写作灵感的地方——学校足球场。

这里天更蓝、心更广、梦徜徉。

我相信，每一位诗人绝对是在广阔的心域里偶得最美的诗句；<u>我相信，那天为盖地为席的自由定能够释放出驰骋苍穹的篇章。</u>

深秋的阳光擦净了天空的每一朵云彩，草坪的绿、跑道的红、天空的浅蓝、校服的深蓝，都让孩子们的脸上开满了花儿。

最后，我们的诗歌诞生在这"原野"之上，有的同学写在银杏叶上，有的写在笔记本上再配上金黄色的银杏叶。懵懂的思想，萌动的灵魂，像极了破土而出的嫩芽；未经雕琢，毫无渲染，像极了醇厚朴实的土地。

我也和着同学们的诗歌即兴写了两首。

风与疯

冬阳

我带着一群风

你们带着一个笑

我带着一个笑

你们带着一群疯

黄色的冬天

染遍了你们的脚印

红色的太阳

挥霍了你们的回忆

然后

夕阳醉了

你们醒了

梦

那日

我们踩蹦了上百张的黄叶

我们抛洒了一小时的青春

我们忘却了几分钟的无知

我们是疯狂在原野的卢

我们，拔剑吗？

我们，难道不是我们？

我们，是阿波罗的神

我们，是屈原的剑

我们，是海燕的暴风雨

我们，是胚芽、是雪莲

是飞天、是舵手、是红茶

是装饰了别人梦的傻瓜

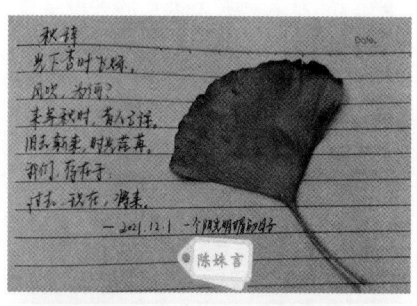

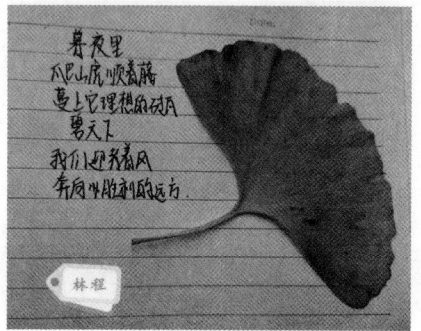

久久回响
那些有温度的课堂故事

初中作文教学是小学与高中承前启后的关键，脱离小学的稚嫩冗杂，又不具备高中的理性思考，初中作文贵在培养学生真情实感的表达能力。我们反对学生的无病呻吟和假大空，<u>所以需要让孩子们有真切的体验，有实际的感受，走进自然的课堂是最美的课堂，也是最有效的课堂</u>。另外，诗歌创作不同于一般记叙文的构思，诗歌是情感表达和精美意象的细腻交融，二者缺一不可。创作过程中储备情绪的同时要提供给学生发现和品味意象的机会，银杏树的季节恰逢其时。

● 编者按

诗歌的珍贵在于真实的情感，耐人回味的意象。孩子们小心翼翼地在银杏叶上书写诗歌，**他们的内心一定是奔涌的、细腻的、欣喜的**，这样的课堂，当然是最美的课堂。

吴边老师把学生带出教室，学生才会有这些真情实感。"走进生活""体验与实践"越来越成为教育的关键要素。有感于学校和老师背负起越来越多的责任，越来越不敢把学生带出教室一步，更遑论走出学校开阔视野体验实践了。2024年清明，宁夏固原学校的孩子们徒步108里重走长征路，缅怀英烈，学校和老师们的教育担当，令人敬佩。

会讲历史的图形

河北省廊坊市大城县第四中学　数学教师　王宁

初中数学的几何部分对学生来说一直是个挑战，当他们从熟悉的数字计算转向抽象的逻辑推理时，好些同学不太适应，导致几何部分无法入门。因此，在设计七年级下册几何开篇的第一章时，我反复思考如何激发学生对几何的兴趣。我想将几何图形与历史和政治进行跨学科结合，让学生学习知识的同时了解我国的历史，激发他们的爱国热情。

为此我开始查阅资料，在网上寻找可用的资源，准备给孩子上一堂别具一格的章节起始课，开启孩子们的几何学习之门。

上课一开始引入立体图形，就有同学提到了圆柱体，我说非常好，顺势展示出 1945 年 8 月 6 日美国投放到日本广岛的原子弹图片，同时给孩子们介绍关于抗日战争的知识……抗日战争以来，中国人民共伤亡 3500 多万人，一定程度上相当于一个国家举国灭亡。<u>落后就要挨打，科教才能兴国，少年强则国强，我们必须发奋图强，为祖国的强大而努力！</u>

<u>同学们听得特别认真，就这样我的图形开始"讲历史"了。</u>

讲长方体时，我展示出 1860 年英法联军入侵圆明园时抢走的乾隆御玺。这枚御玺于 2016 年 12 月 14 日在法国巴黎德鲁奥拍卖行，拍出了 1.6 亿元人民币。

讲到棱柱和棱台，展示了圆明园流失在法国枫丹白露宫的鎏金八宝盒，用圆明园遗失在海外的大量的国宝图片，来讲解组合图形再合适不过了，以此提醒孩子们勿忘国耻，我辈少年当自强！

来到球体时，我展示了 2021 年中国女足赠给苏州市人民政府的集体签名的足球，用来庆祝苏州当年荣获"2021 中国金球奖组委会特别奖"，以鼓励和激励孩子们为国争光的决心！

讲解棱锥、正十二面体时，拿出我国开采的纯天然水晶原石和金刚石图片，还简单讲解了我国水晶产地……<u>同学们目光如炬，听得津津有味！为我们的祖国地大物博感到非常的自豪！</u>

讲解平面图形介绍点、直线、线段、射线时，我给同学们播放了 2008 年北京奥运会开幕式的烟花视频，并简单介绍了奥运会的申办之路，让同学们除了感受到几何图形点动成线之美之外，也感受到祖国的强大，感受到复兴之路的坎坷。

讲四边形时给同学们观看了中华民族的绘画瑰宝——北宋画家张择端的《清明上河图》的视频。《清明上河图》又称"盛世危图",作者要展现的不仅是北宋的强盛和富有,更是对封建社会的弊端和一片繁华背后危机的担忧,它的历史意义更胜作品本身。欣赏中国古典艺术之美的同时,同学们都为身为炎黄子孙而感到骄傲和自豪⋯⋯

不知不觉,转眼到了下课时间,学生们仍然沉浸在图形与历史的热情之中,纷纷表达他们对这节课的喜爱。不少孩子说这节课让他热血沸腾,不仅增强了对伟大祖国的自豪感,也对同胞所经历的苦难有了更深的感受。他们也理解了,只有努力学习科学文化知识,才能避免历史重演,防止落后挨打的命运再次降临。许多学生铿锵有力地表示,他们一定要洗刷圆明园之耻和日本侵华之痛,不仅为了保护深爱的家人,更是为了实现中华民族的伟大复兴。

这堂课良好的反馈也让我深深地感悟到:这节课设计的初衷是为了让孩子爱上几何,但上着上着,既感动了自己,也感动了孩子们,爱国主义教育成了重点。要成才先成人,我们一线教师应该培养的是有一腔爱国热情的有志青年,而不是教育出蝇营狗苟、高智商但自私自利的孩子,所以要成才先立心成了重中之重。

● 编 者 按

"用图形讲历史"的背后是王宁老师真挚的教育热忱,让孩子们在学习数学知识的过程中获得启迪,深入了解历史,理解社会,进而培养他们的信仰观念和责任担当,**要成才先立心**。

将爱国主义教育融入课堂中,是老师们应该长久做下去的事。祖国需要有理想、有本领、有担当的热血青年,在国家遇到危难时他们敢于横刀立马,敢于铁肩担道义。校园是孩子们精神成长的一方净土,立德树人责无旁贷!

看电影学化学

广东省阳春市实验中学　化学教师　李剑镔

2021年5月，习近平总书记回信勉励江苏省淮安市新安小学的少先队员："希望你们结合自身成长实际学好党史，以英雄模范人物为榜样，从小坚定听党话、跟党走的决心，刻苦学习，树立理想，砥砺品格，增长本领，努力实现德智体美劳全面发展。"为了传承红色基因，打造一堂基于真实情境且生动的跨学科思政课，我在授新课"生活中常见的盐"时，截取了电影《闪闪的红星》中的六个片段，并按照一定的逻辑顺序进行教学设计。

片段一：《小小竹排江中游》。课前，我播放了片中插曲《小小竹排江中游》，悠扬的歌声，缓缓引导学生进入学习状态。随后，我引用了潘冬子铿锵有力的台词："党要我做什么，我就做什么！"以提醒学生集中精神，认真上课。紧接着，我提问学生是否知道这段歌曲视频源自哪部电影？不出所料，大部分学生对这部20世纪70年代的革命影片并不熟悉。我随即呈现了影片简介，并告诉学生今天我们将一起看电影学化学。此言一出，学生们立刻兴趣盎然，十分期待即将开始的学习之旅。

片段二：人不吃盐行吗？ 借用宋爷爷的台词："劲儿是大了点儿，个儿也高了点，可不知道这里面革命思想增加了没有？"提醒学生作为九年级即将毕业的初中生，不仅身体上成长了，思想上也要成长起来。然后提问：潘冬子所说的"盐"是什么？其成分是什么？化学式怎么写？接下来借用宋爷爷的台词"人要是不吃盐，行吗"提问，大家各抒己见，纷纷表达了自己的观点，于是，我提议大家一起看看吴叔叔是怎么回答的。

片段三：食盐的重要性。借用吴叔叔的台词"光不怕死还不够，还要不怕苦，任何艰难困苦都能挺得住，才能成为一个红军战士"，勉励同学们不怕学习的苦与难，乐于学习。随后，我展示了关于氯化钠对人体重要性的资料卡片，让学生对氯化钠的作用有了更深层次的认识。既然食盐对人体如此重要，我和同学们一起探究：在艰苦的革命时代，宋爷爷和潘冬子是如何想方设法收集食盐的呢？

片段四：收集食盐。结合片段中的三幅截图，我让学生归纳总结了氯化钠的物理性质，并结合溶解度曲线、溶解操作等与学生一起回顾了相关知识点。接着，我向学生讲述，在敌人严密封锁、严禁食盐上山的情况下，如何巧妙地通过封锁线将食盐顺利运到山上是一个巨大的挑战，潘冬子又是怎么做的。

片段五：运送食盐。结合片段中敌人鉴别食盐的方法，提问：敌人通过什么方式鉴别食盐？在实验室里能用这种方法吗？你还有什么方法可以鉴别食盐水与水？引导学生回顾氯化钠的构成微粒，结合课本附录的"部分酸、碱和盐的溶解性表"，与学生一起从表格中提取关键信息"氢氧化钠及所有的钠盐都易溶于水，氯化物中只有氯化银难溶于水"，并告诉学生"已知氯化银难溶于硝酸"，让学生依据现有的信息设计鉴别方法。接下来组织了实验探究"Cl^-的鉴定方法"，电脑随机抽取一名学生根据实验步骤完成实验探究，并利用投屏功能，实时向全体学生呈现实验过程，引导他们一起分析实验反应的本质。实验结束后，我抛出一个引发学生深度思考的问题：潘冬子是怎样把棉衣里的食盐提取出来的呢？

片段六：提取食盐。结合片段中的截图，我先后问学生：潘冬子为什么用竹筒吹气？潘冬子提取食盐的方法是什么？什么时候停止加热？引导学生回顾九年级下册的课本知识，加深对蒸发结晶操作的认识。接下来继续引导学生思考"潘冬子通过这种方法得到的是纯的食盐吗？如何进行初步提纯，"并布置学生预习课本实验活动8"粗盐中难溶性杂质的去除"，要求大家利用家里的物品完成食盐的溶解、过滤、蒸发的操作。

回归生活 贴近现实世界的课堂

课堂很快到了练习环节，我设计了潘冬子智斗胡汉三的互动小游戏，让学生在轻松愉快的氛围中巩固知识点。最后，我勉励学生们：“听党话，跟党走，做新时代好少年，成为最亮的星！”

"培养什么人、怎样培养人、为谁培养人"是每一位教师必须思考的问题。新课标明确提出，贯彻落实习近平新时代中国特色社会主义思想，将社会主义先进文化、革命文化、中华优秀传统文化、国家安全、生命安全与健康等重大主题教育有机融入课程，增强课程思想性。作为化学教师，我们可以充分挖掘电影中与化学有关的素材，巧妙结合电影片段，以学生喜闻乐见的形式串联知识点，从而在传授知识的同时，培养学生正确价值观、必备品格和关键能力。

● 编 者 按

由"人不吃盐行吗"这个问题来阐述食盐的重要性，由"敌人严密封锁、严禁食盐上山""敌人如何鉴别食盐""潘冬子怎样把棉衣里的食盐提取出来""潘冬子得到的是纯的食盐吗"等问题分别学习氯化钠的构成、溶解、沉淀、过滤、蒸发、结晶，这样的学习过程无疑是十分有趣而有效的。

> 剑镔老师巧妙地将经典电影《闪闪的红星》中的片段融入化学教学中，不仅让学生在轻松愉快的氛围中学习了化学知识，更在无形中传承了红色基因，培养了学生的爱国情怀和正确价值观。如何创新教学方式，**让学生愉快学习的同时达成育人目标**，需要每一位老师的上下求索。

寿司开会

山西省太原市第四实验小学校　语文教师　刘改燕

　　为了消除学生写作的畏难情绪，提高学生运用语言的能力，在日常教学中，我常常留意捕捉每一个写作的契机，在真实的情境中引导表达，巧妙练笔。

　　一天早晨，小郭同学拿着饭盒兴高采烈地来找我，说是他亲手制作的寿司，想让我品尝一下。我当着孩子的面和办公室同事一起品尝，味道真的很好，大家赞不绝口。我大加表扬，突然想到这也是一个极好的作文素材，是练笔的契机。于是就问他做寿司难不难，想请他教教我和同学们。孩子一听乐坏了，当即表示愿意大显身手。

　　第二天，小郭把制作寿司的原料带到学校，还邀请了小米和他一同制作。他们俩带来了所有制作寿司的材料，小案板、蒸好的大米、海苔、肉松、黄瓜、胡萝卜丁等，还考虑到了安全和卫生等方面的因素，非常周到。

　　一上课，两个大厨便开始大显身手了。他们把两张桌子拼到一起，把物件一一摆开。"亲爱的同学们，大家猜猜这节作文课我们要做什么？"他俩一边卖关子一边狡黠地看着大家。一会儿举起手中的卷帘示众，一会儿故意闻一闻手中的食物，做出好香的样子。小米熟练地将火腿肠切开；小郭切出的黄瓜块大小均匀，颜色鲜亮。两个孩子非常有范儿，胸有成竹地讲步骤，讲制作方法，讲注意事项。你一言，我一语，相互补充，配合默契。偶尔还打个趣、开个玩笑，逗得下面的同学哈哈大笑。

　　教室里弥漫着香味，大厨们认真细致地制作，同学们津津有味地听，目不转睛地看。有的忍不住跃跃欲试，有的连声拍手叫好。坐在后面的同学不由得站起来，踮起脚尖张望。在最关键之处，我以记者的身份采访他们，并把重要步骤板书到黑板上。我还特意做出馋得不行的样子，不断竖起大拇指。两个小家伙做得更带劲儿了，很快就大功告成。看着摆放得整整齐齐的各色寿司，几个"贪吃鬼"禁不住冲到了最前面。"我先品尝一下。""我就吃一小口。""肉松，肉松，我最爱的肉松……"教室里热闹非凡。小米示意大家坐下，说着"少安毋躁"，自己却首先抓了一个寿司放到了嘴里，结果一下呛住了，边咳嗽边流眼泪，那样子超级滑稽。

　　接着，我和两位大厨戴上一次性手套把不同口味的寿司分享给每一个孩子品尝。同学们跳着看、抢着尝，伸长脖颈，张着嘴，抢着被投喂。每个学生都被喂了一块，个个乐得眉开眼笑。

　　最后，同学们开始写"制作寿司"主题作文，自然易如反掌。有的写着写着就笑出了声，或者在回味寿司的美味，或者在重温甜蜜的过程。就连平时不会写作文的孩子也很快就写了两页，还迫不及待地举手告诉老师他的成果……

　　孩子们的作文内容五花八门，基本能根据板书认真回忆整个过程，制作方法和步骤写得很细腻，生动地再现了台上台下同学的不同表现，凸显了细节。我从当时孩子们写的精彩片段里选取一些段落，与大家分享。"盘子里，新鲜的寿司像个肉墩子，金色的肉松散发着浓郁的香味，真叫人垂涎三尺。""语文课上学做寿司，品尝美食，我太享受这样的语文课了。""小米同学把色香味美的寿司喂到我嘴里的时候，我抱着拳表示感谢。我看见小米的脸上有一种从未见过的幸福感和成就感。""两位大厨真是厨艺高超,不仅会做寿司,还能教我们怎么做。这真是赠人玫瑰,手有余香呀!我要为他们点赞。""那一粒一粒黏在一起的米粒,多像我们班 54 位亲爱的同学啊!"一个离异家庭的孩子这样写道:"我心里默念,亲爱的刘老师啊,我想让您喂我吃!这时,刘老师微笑着向我走来。她盯着盘子看了一眼,挑了一个最大的喂到我嘴里。一股暖流涌上心头,她那亲切的眼神洋溢着母亲般的疼爱,我突然想哭。老师摸了摸我的脸,问我好吃不好吃。我只是一个劲地点头,后悔自己没有邀请老师一起品尝。"

至今还清楚地记得,那之后班级群热闹非凡,<u>孩子们自己做寿司,拍照片和视频分享到群里,真成了"寿司开大会""厨艺大比拼"</u>。家长们也在朋友圈转发,夸赞孩子的厨艺,点赞我们的课堂。这以后,寿司成为他们的保留节目,成了五班的品牌菜,过年做,过其他节也做,越做越好。

孩子们上了高中,回来看老师,还聊到了记忆中的这节课,说自己做的寿司再好吃也没有我们五班教室里的好吃,因为那里有同学的情谊,有大家分享美食的快乐。

● 编 者 按

　　将活色生香的寿司厨房搬进课堂,看似一时兴起,却是发现美分享美的处心积虑。以生活体验为基础,以学科实践为主线,创设真实而有意义的学习情境,**激发学生真情实感和学习热情**,发现学习的乐趣,生活即教育!

　　拥有爱才能给予爱,幸福充盈才能分享幸福,融合了创意、趣味、友情、感恩的一节课,将成为孩子们一生中的美好回忆。种下一颗爱的种子,用真情来浇灌,终会成为每个教育者的"人间值得"。

心直口可以不快

奥地利维也纳中文学校　中文教师　宁圊晨

今年是我在奥地利维也纳中文学校从事中文教育的第 6 个年头，我内心流淌着对中华文化的深沉热爱，同时对西方文化充满敬意。然而一次心直口快带来的尴尬经历，引发了我的反思，尤其在华人圈子并不大的西方环境中，应该说这次经历对我产生了深远的影响。

我的中文私教课中有这样一对"华三代"兄妹，哥哥 17 岁，妹妹 13 岁，两兄妹既亲密又各有主见，常常上着课就争论不休。有一次，我对哥哥打趣道："你对女孩子这么凶，将来怎么找女朋友？"没想到，哥哥一脸不屑地说："我才不要女朋友呢"。我心想，是真心话吗？课后，孩子们的妈妈送我出门，我把课上的玩笑话告诉了她。这个"80 后"妈妈笑着说："儿子说过，将来要找个有钱的女朋友，我调侃说，看你有没有那个命！""70 后"的我快人快语："那不是吃软饭吗？男子汉不是应该自强自立吗？"孩子妈妈听后只是笑笑，正好哥哥也来送我出门，听见我的话后，妈妈就给他简单解释了一下"吃软饭"的意思，哥哥一句话也没说，似懂非懂。于是我计划着下次课把这个概念给学生们解释一下。

回家路上我一直在回想这件事。到家后我和"00 后"的女儿聊起这件事，表达了自己的观点："一个大男孩，想找个有钱的女朋友，也太没志气了吧。"我女儿听了，不以为然。反驳道："为什么不可以？男女平等，一方挣得多，另一方以家庭为主，这样分工也可以呀。更重要的是这是他的选择。"我想了想，觉得孩子说得有道理，确实，我把女人比男人能挣钱与男人吃软饭画了等号，有失偏颇。

其实这个学生家庭的情况正是这样，爸爸是华二代，骨子里是勤恳朴实、看重家庭的奥地利人。妈妈是土生土长的中国人，20多岁才来到奥地利，妈妈虽然德语一般，但聪明能干，到奥地利没几年收入就是老公的几倍，两个孩子从小就是爸爸带的，爸爸为了照顾家庭只能做短时工，是一个典型的女主外男主内家庭。在这样各司其职、分工有序的家庭中，爸爸并不是软饭男，<u>我不应该让孩子们误会勤恳的爸爸</u>。

再上课时，我提到了"吃软饭"这个词，重点解释了什么是"吃软饭"：是男人懒惰不劳动，坐享其成，完全靠老婆养活。然而如果夫妻两人因为各自优势分工不同，细致耐心的照顾家庭多一些，工作能力强的工作上多努力一些，虽然收入不同，<u>但没有高低贵贱之分</u>，都在为家庭做贡献。两个孩子听得很认真，点了点头，同时我强调，能照顾好家庭的爸爸和努力工作的妈妈都值得你们肯定与欣赏，俩孩子一脸幸福地相视一笑，孩子们的妈妈在旁边，也露出了欣慰又开心的笑容。

回想自己一向说话不太注意，嘴比心快，过于直率，有时甚至无心伤害到他人，却未曾察觉。这种简单直白的表达方式，仿佛竹筒倒豆子一般，一股脑儿地倾泻而出，并不一定是好事儿。

这个事件也让我深思，倘若我能放慢自己的语速，<u>在说话之前审慎地思考，用更加全面的角度看待问题、表达观点</u>，教学效果会更好。我渴望成为一个心直但口不快的人，用教育智慧，让更多西方人领略中国文化的博大精深，感受汉语所蕴含的独特魅力。

● 编 者 按

每个人在生活和学习中难免会有言语失当之时，囿晨老师及时反思"我不应该让孩子们误会勤恳的爸爸"，及时把先前的"鲁莽"收了回来。**只要及时发现问题、及时改正，都会收获成长。**

> 每个学生都是独特的个体,他们拥有不同的家庭环境、文化背景、社会环境、认知风格和学习需求。家庭成员各有分工,照顾家庭的男人一样很酷,对家庭幸福也有着重要的贡献,也是值得赞赏的"选择"。**尊重差异,理解和欣赏不同**,世界将更加包容而多元。

潮汕才有的好风水

广东省阳春市第三中学　生物教师　罗潇红

"光合作用"这节课,其中一个教学目标是让学生掌握光合作用的条件及结果。光合作用的条件是需要二氧化碳和水在有光的条件下,在植物的叶绿体中合成有机物(淀粉)。我教了很多届学生,都发现同样的问题:二氧化碳作为光合作用的原料,光合作用的条件不同引发的光合作用速率不同等知识点,学生比较难以理解。

<u>什么样的方式能够降低一些认知难度,什么样的过程能吸引学生的注意力</u>,我常常在思考。那天,我又在讲光合作用的条件时,同学们的眼神里充满了迷茫,感觉理不清,剪还乱!我突然想起刚刚看到的一个故事——《研究员的烦恼》,我何不给他们讲个故事,让他们更好地理解光合作用的条件呢!

话说某农科所发现,广东潮汕地区的水稻产量非常高,比广东其他地区的都要高,于是他们饶有兴趣地跑到潮汕地区拿了当地的水稻种子,希望回来栽种后可以长出更高产的水稻。结果,让他们大跌眼镜的是——水稻产量平平。难道是我们农科所的研究员不如潮汕地区的普通农民懂水稻种植吗?不可能!于是,他们又种了两季,效果却依然不理想。这时候,他们想到可能是土壤的

原因，于是他们不远数百里把潮汕地区的土运了过来，小心翼翼地严格按照当地的标准、当地的条件，又种了两季水稻，产量仍然比不上潮汕当地。最后，研究员们只好自认技不如人，请来了潮汕最有经验的老农，让他来到本地种植，目的是要搞清楚是自己技不如人，还是另有蹊跷。但是，老农也没有逃出研究员的宿命，竟然在本地种出的水稻产量大不如在家里种的。经过了几季的尝试，最后，老农一声长叹——我们潮汕地区风水好啊！研究所的老师们一听，大腿一拍：对对对，风水好！风水好！就是风水好！于是他们沿着这个思路继续探索，真的实现了水稻的高产丰收。

请问同学们，潮汕地区的风水好在哪？请结合光合作用的条件和潮汕地区的地理位置，谈谈水稻高产的原因。

讲故事时，同学们听得十分认真，就连平常不怎么听课的学生也全神贯注。故事讲完后，同学们直接炸开了锅，纷纷议论为什么风水好就可以提高产量，马上形成了两派开始争论——一派沿着风水好的方向思考，另一派则认为是封建迷信十分荒谬。但是事实摆在面前，最后大家开始研究起了潮汕地区的"风水"。最后大家终于分析明白，潮汕地区是沿海地区，浅海的藻类植物产生大量的二氧化碳，随着海风的吹送，给水稻的光合作用提供了大量的二氧化碳，从而提高了水稻的产量。

沿着这样的思路，同学们又讨论起了光合作用的其他条件、提高农作物产量的方法、大棚种植如何实现高产增收的方法等。课堂气氛非常热烈，平常同学们最难理解的，不同的光合作用条件引发不同的光合作用速率等难题，都在讨论中顺利解决。

这节课让我看到了讲故事的魅力，也真切感受到了学习内驱力的重要作用。每次讲"光合作用"时，我都会讲起这个故事，几乎每次都能取得理想的效果。

> ● 编者按
>
> "什么样的过程,能吸引学生的注意力。"教学过程中,为什么要创设具体情境?**模拟真实生活场景,引入实际案例,借助故事、游戏、影视方式创设虚拟情境**,将理论知识与日常生活紧密结合,可以引导学生深度思考,激发学生探索现实问题与解决实际问题的欲望,使学生深刻地理解和应用所学的知识。

走过路过,不要错过

山西省太原市第四实验小学校　语文教师　刘改燕

"快来挑,快来买,走过路过不要错过!""您不要光用眼睛看,可以摸一摸这质量,掂一掂这分量……"您可别以为这是在大卖场,小学语文课堂里传来一阵阵吆喝声、笑声、掌声,这原来是一节口语交际训练课,我们班同学正进行着热闹的产品推介会。

课桌上摆满了各种产品,吃的、喝的、用的、玩的,琳琅满目。孩子们争先恐后,跃跃欲试。小侯同学第一个自告奋勇上台推介,她一手举着计算器,一手摇着一件吉普牌冲锋衣迅速从教室最后一排往讲台上走,三步并作两步,边走边笑着说:"吉普吉普,开心幸福!货比三家,值得拥有!"同学们的目光不由自主地跟随着她,她那活灵活现、咋咋呼呼的样子把全班同学逗乐了。

突然人群中冒出一句:"不就是一件衣服,有那么夸张吗?"小侯顿时脸红了,露出一副窘迫之相,不知道怎么接话了。我马上解围:"小侯,我们用事实说话,让他见识见识咱衣服的好。你准备怎么介绍呢?"接着我主动做起了她的现场模特,并引导她从衣服的款式、面料、性能、用途等方面介绍。她指

久久回响
那些有温度的课堂故事

挥我一会儿穿上冲锋衣，一会儿又脱下来。一会儿把衣服摊开摆在桌上展示里外两穿的方便，一会儿又去掉里面的夹层感受衣服的轻便与柔软。我密切配合，故意做出一些夸张的动作，展现着衣服的舒适、实用与得体。为了锻炼她的应变能力，我还招呼小观众们上台试穿，引导他们就衣服的特点向小侯发问，同时提示小侯如何解答。小侯越来越应对自如，同学们提出的各种问题她都能对答如流。周围几个孩子围成一圈不仅认真倾听，还能随机应对。看起来调动同学们融入生活情境，运用语言交际的目的达到了，我忍不住暗自高兴。

突然，小侯来了一句："亲爱的刘老师啊，您语文课上得那是没的说，不知道您数学学得咋样？"我一拍胸脯说："你随便考，哈哈哈。"她把计算器递到我手里，告诉我这件衣服多少钱，虽然比较贵，但是它可以穿三个季节，平均下来还挺便宜。我高举计算器，大声念着算出的结果，同学们立刻明白了物超所值，特别划算。旁边的小吴密切配合小侯，把衣服举在空中，和台下同学们互动。他俩一唱一和，配合得相当默契，就像两个推销员，什么"买的是品质，穿的是放心""一衣在手，从此不愁"。大个子小毛惊呼一声："哇！这么好的衣服，我也想要，卖给我吧！300元行不行？""不行，那我就亏本了，还是留着自己穿吧……再说了，女款衣服，男生穿不合适。我可以给你发个位置，你自己去买吧！哈哈哈……"

正在这时候，一只大手向我伸过来，手上戴着厚厚的手套，原来是冠凯按捺不住，硬拉着我去体验他的多功能手套，分明要与小侯打起擂台赛。只见他帅气白净的脸上洋溢着灿烂的笑容，亲昵地对着手套自言自语："宝贝，谢谢你陪着我走南闯北，感受攀岩的快乐。"他举着手套向同学们讲述他假期攀岩的经历和手套的重大作用，看得出他与手套成了亲密无间的好朋友。他一边说，一边从怀里掏出一张照片，那是他戴着手套在户外攀岩的照片，酷帅的样子，很迷人。他神秘地走到人群中展示，同时对着手套和照片指指点点，不住地与同学们交流着。同学们开怀大笑，都被他的故事吸引了，有的摸一摸，有的看一看，有的伸进手套里去体验。有个同学打趣地说："你这手套捂得慌，一看就不是正牌货。"冠凯急眼了，喊着要找我借手机，扫码验证真假。

同样是根据教材要求推介生活中最喜欢的一种产品，两个学生一个重在介绍产品的特点和优势，诙谐幽默；一个重在讲述自己与物品的故事，真实感人。不同的方式，都有很好的效果。

接下来，四人小组交流开始了，<u>同学们各自拿着自己带来的物件，跃跃欲试</u>。欣怡摆弄着她的新型围巾，和小组里同学讲述着围巾的不同系法；尧骏手持新型水杯，一会儿用吸管吸水，一会儿掀开桃形的盖子喝水，一会儿把杯子丢在桌子上验证杯子耐摔；星元蹦着跳着让同学欣赏他的自制小货车玩具。小货车爬上爬下，乖巧精致，很有创意。同学们问他是怎么想出来的，他就讲起他的设计思路和小车工作原理。为了成为小组最佳，代表本组做展示，<u>大家畅所欲言，个个有模有样，人人乐此不疲，教室里的掌声、笑声、辩论声此起彼伏</u>。

最后到了评选优秀选手环节，同学们根据评价量表，各抒己见，发表推荐理由，短短40分钟的一节课，孩子们在口头表达上有了质的飞跃。

这节口语交际训练课，我和同学们都"忘记"了身处课堂。<u>轻松愉快大胆交流，耐心倾听乐于讨论，精诚合作随机应变</u>，人与人之间的关系也愈发融洽。我竟也被那热烈而和谐的气氛所感染，老顽童一般沉浸其中，难以自拔。

编者按

热闹的产品推介会，孩子们活灵活现、畅所欲言、咋咋呼呼，形成了一节精彩的口语交际课！融入生活情境，孩子们运用语言来分享交流，自然而然，水到渠成。

陶西平先生说过，**和谐的课堂文化需要有三声、三话、三交**。"三声"指掌声、笑声、辩论声，"三话"指自己的话、真实的话、有创建的话，"三交"

久久回响
那些有温度的课堂故事

指交流、交锋、交融。从课堂中来，到生活中去，学以致用，知行合一。同学们乐于倾听、勇于表达、学会幽默、善于合作。这堂课不仅是教学的智慧，更是在培养同学们面对未来生活的能力，会让他们受益终身。

陆 眼中有人
关注学生成长的课堂

爱是教育的灵魂，没有爱就没有教育。如何通过自然而然的活动让孩子们吐露心声分享人生，如何用真诚且鼓励的目光，诚恳而温暖的对话，打开孩子的心结……相信每个孩子都是本自具足、充满创造力的。"心中有信仰，眼中有学生，胸中有课标"，关注每个孩子，精心洞察他们独特的需求，给予个性化的帮助，让他们以独有的方式成长为更好的自己。

故事视频

宁夏回族自治区石嘴山市平罗中学　郭伟东老师

我们的数学老师超级好

宁夏回族自治区石嘴山市平罗中学　数学教师　郭伟东

某日接到小李同学母亲的电话，说是小李中午回到家后情绪崩溃，大哭不止，原因是觉得数学太难学了，课堂上很多内容听不懂，课后题目不会做。她说，面对孩子的崩溃，作为母亲很心疼，但又感觉使不上力，不知道如何才好，充满无助感，也只能从情绪上来安慰一下孩子。唯一能想到的就是求助于老师。听到这样的情况，我能理解小李的心情，更加心疼孩子，这种情况并不是个例，是大多数学生从初中到高中蜕变的必经之路，我能深切体会这种心情。

时至今日，我还清楚地记得，刚上高中的我，晚自习和同学们三五成群地讨论一道数学或物理题，讨论半天也没个眉目，真的觉得那些题好难。不过那时候，大家思想都很单纯，没有那么强烈的竞争意识，学习的压力也没现在的孩子大，更没有各种兴趣班和补习班，只是单纯感觉高中的知识好难学，很少人会因为学习难而情绪崩溃。但现在的孩子所面对的环境与我们那个时候已经是天差地别了，内卷好像是无处不在的魔咒，压力大到不崩溃都难。

次日，我找到小李聊了聊学习情况，从一个过来人的角度给予她心理上的疏导和安慰，在学习方法上给了她一些实用的建议，她的心情也好多了。小李学习很努力，但成绩却不尽如人意，第一次月考时，数学只考了38分，毫无悬念地在班里垫底了。她的父母很着急，于是给她报了很多补习班。一日晚自习的课间，小李告诉我，就单数学一科，她爸爸给她报了一个网课，又报了一个辅导班，还请了两个一对一的家教。我听到这个情况，除了震惊就是心疼这个孩子。在一次家长会上，小李给她妈妈写了一封信，告诉她妈妈，在学习上她已经特别努力了，连课间的时间都在学习，但成绩就是不好，她觉得自己很笨，很伤心，也很对不起爸爸妈妈。听到她的内心话，我的心都碎了，甚至是内疚，我觉得作为她的老师挺对不起孩子的，没有早一点了解到孩子所面对的困境。

我想给予她更多的帮助，当务之急是让她能够逐步体验到进步的成就感，从而重建信心。首先要让她明白的是，眼前的困难只是暂时的，只要找对方法，经过自己的努力，学习中的困难都是可以解决的。学习数学，最重要的是准确地理解每个基本概念。于是，在每节课后我会找几个包括她在内的基础薄弱的同学过来，询问他们对概念的理解，在他们理解不到位的地方耐心解释，每天如此，一遍遍地帮助他们加深对基本概念和基本性质的理解和记忆。这样的方法虽然看上去很笨，但真的很有效，他们对教材中前后的概念都理解了，听起课来也比之前轻松了许多。虽然耗费了我不少的时间和精力，但是看见他们的进步，我觉得一切都是值得的！

以后的教学里，我会多关注那些基础薄弱、反应慢的孩子，在教学中尽可能地放慢节奏，让学生跟得上。对于难懂的地方，我想尽办法化繁为简，多举一些他们熟悉的实例，或是从不同的角度去说明，一遍一遍地耐心讲解。他们的作业，我也会时常写一些鼓励的话语，他们表现好的时候，我从来都不吝惜赞美之词。就这样，一步一步走来，很多同学有了不小的进步。小李的成绩也有了显著的提高，学会了学习，也适应了高中的学习生活。

在期中考试后的评教活动中，班里同学给我打了很高的分数，班主任老师告诉我说，在评教结果汇总中，学生在建议栏里写道，"我们的数学老师超级好"，据说是小李写的。听到这样的消息，我的心情真是特别复杂，更多的是觉得孩子们都特别好，只要他们能收获成长的喜悦，老师的所有付出都是有意义的。

久久回响
那些有温度的课堂故事

● 编 者 按

从初中到高中，是一个比较大的转变，学习难度明显加大，如何帮助孩子们适应这种变化？加强对基本概念和基本性质的理解和记忆，建立概念之间的联系，才能逐步构建完整的知识体系。**只有夯实一个学科的基石，基石之上巍峨的学科理论与应用实践才能够稳步发展。**伟东老师的做法卓有成效，可以通行于各个学科。

每个孩子都渴望被温柔以待，只有感受到爱与关心，他们内心才会充满阳光，待到他们长大成人时，他们身上散发的这份光芒将会照亮更多的人。关注每个孩子，精心洞察他们独特的需求，提供个性化的帮助，**让孩子体验到学习与进步所带来的成就感**，激发孩子面对困难的勇气，让他们成为更好的自己，是教育者独特而重要的使命。

我每天都要高高兴兴来上学
新疆维吾尔自治区喀什地区疏勒县第四小学　语文教师　应新丽

这学期，我们班新转来一个孩子——小胡。小胡是个高高壮壮的男孩子，从浙江转过来。可能浙江的教育环境与新疆的差距比较大，加上我们是有免费午餐的学校，孩子们都是在学校吃午餐，小胡来了之后百般不适应，每天早晨都找各种理由不上学，即使家长送到校门口了，小胡也会跟家长哭闹着不进校门。两位家长在教育孩子的问题上也明显不一致，一个管一个护，致使小胡感觉自己有了"铠甲"，更不愿意来学校了。开学初经常请假，后来孩子的家长打算转回浙江，但是，一时之间又转不回去，孩子就一直在家里，有一个半月没有到校上课。上周，这个孩子终于来上学了，经过一段时间的适应，他比之前好了很多，但是，他在班里仍然很不开心，早晨依旧是很不情愿才进校门。我在上课时，总是很关注他的情绪，发现他有小的进步就赞赏他，对他也更加宽容。

今天，学习"语文园地六"的口语交际"安慰"。《义务教育语文课程标准（2022年版）》中指出，语文学习要"创设情境"，创设真实又贴近孩子生活的情境，于是，我没有让孩子们讨论与表演课本上给出的例子，而是让孩子们先在小组里说说自己有什么烦心事，然后让小组里的同学互相安慰。第一小组，小唐说："我最近有件烦心事，就是我的爸爸给我找了个新妈妈，新妈妈给我带了个小妹妹来，这个小妹妹有点霸道，总是抢我的东西，昨天，她还撕坏了我写完的作业。"听了小唐的话，我发现同学们沉默了，因为小唐一直都很积极阳光，成绩也很好，大家都不知道她的父母离异了……短暂的沉默之后，班长小常站起来安慰小唐："小唐，你不要难过，如果小妹妹再欺负你，你要勇敢地告诉你爸爸。""可是，如果我告诉爸爸了，我怕爸爸会为难，新妈妈很宠爱自己的女儿。"小唐说。"如果你觉得告诉爸爸，让爸爸觉得为难，你可以求助应老师，让应老师跟你爸爸谈谈。"小常又说。我走到小唐身边，搂了搂她的肩膀，和她说："这件事交给应老师吧，老师和你爸爸谈谈，解决你的烦心事，好吗？"小唐高兴地点了点头。

第二小组的小魏说："我也有一件烦心事，就是妈妈总是给我买各种卷子，让我在家里做，我回家感觉比在学校还累，没有休息的时间，也没有读书的时间，有的就是做不完的卷子！"这时，我让小组里的同学安慰他。他们小组的米热说："这件事包在我身上，你妈妈不是最喜欢我嘛，你妈妈总是说我的成绩好，我去你家里跟你妈妈说，我之所以学习好，是因为有好的学习习惯，是喜欢读书，不是靠刷很多题，你妈妈听了我的建议，就不会让你刷那么多题了。"小魏听了特别开心，表示下午放学后邀请米热和他一起回家。其他小组的孩子们也纷纷说出了自己的烦心事，也都有孩子们安慰。

此时，我突然意识到这是对小胡绝好的教育机会，因为，大家都在说烦心事，孩子们的状态都很放松。我采访小胡，问他有什么烦心事。他说，刚到我们四（3）班时觉得很不适应，这里的环境和他原来在浙江的学校一点也不一样，刚来的时候，他没有熟悉的老师，没有熟悉的同学，也没有朋友，觉得和妈妈待在一起才安全，所以不想来上学。我让孩子们安慰他，孩子们说得太好啦！纷纷说，不会孤立小胡，也不会排挤他，大家都会热心帮助他，让他尽快适应，大家还举例说四（3）班多么温暖，多么团结。然后，我又让孩子们找小胡的优点，夸一夸他。小阿说："小胡在数学课上的反应最快！"小穆说："昨天去吃午餐时，小胡主动让女生先打饭，小胡多绅士！"小柴说："我那天抱本子去老师办公室，本子太多了，小胡看到后主动跑过来帮我抱本子，小胡爱帮助人！"孩子们热情洋溢的话语，让小胡感受到了班集体的温暖与融洽，他说很开心能成为其中的一员，"我每天都要高高兴兴来上学"。

从教18年以来，我接触过形形色色学生，当然，其中也有许多"独特的学生"。学生不同，我们的解决方式也不同。故事中小胡同学的问题并不算棘手，只是需要一个合适的契机，让他接纳新的班集体，接纳我们这样一个多民族同学组成的班集体。当然，老师需要把握这样的契机。那么，有了这样的契机，孩子就能一下子融入集体吗？当然不是，还需要我们后期的关注与引导。值得高兴的是，在我写这个故事时，小胡同学已经真正融入我们四（3）班这个多民族的大家庭啦！

编者按

孩子们说说自己的烦心事,互相"安慰",如此真实而又贴近孩子生活的情境,**让孩子们能够放松地表达**。"生活即教育,社会即学校",生活是最广阔的课堂。

著名教育家陶行知先生说过:"处处是创造之地,天天是创造之时,人人是创造之人。"关键是要关注孩子并把握契机。新丽老师敏锐地捕捉到了契机,让难以适应新疆生活的小胡,感受到班集体的温暖,主动融入多民族的大家庭,愉快地开启一段新的旅途。

小女孩与冰激凌

贵州省遵义市第十九中学　数学教师　商劼

让学生成为课堂的主人,鼓励他们在课堂上自由表达、深入思考和全面体验一直以来都是新课改的核心要求,也是我们一线数学老师所追求的理想课堂状态。面对朴实的数字、复杂的计算、抽象的概念以及变幻莫测的图形,新课改无疑是对数学老师专业素养和教学能力的严峻考验。

那是几年前,我参加一个全区优质课评比,课题是七年级"几何图形的初步认识"。比赛地点在乡镇中学,学生多为留守儿童和单亲儿童。虽然内容简单,知识点少,但是团队还是认真剖析教材和学生情况,设计了多稿教案,并在自己班级试讲,感觉效果不错。但考虑到所在学校与比赛学校学情不同,我担心传统的教学方式无法激发学生兴趣,于是想做一些改变,却一直没有找到合适的方法。

直到正式比赛的前一天晚上，客厅传来一阵欢笑声，我走过去一看，原来电视里在播放娱乐节目，主持人比画动作，参赛队猜实物。咦，我灵机一动，可以将老师的讲解变成游戏，让孩子们从黑色口袋里挑选立体图形，然后用手势在空中比画，由其他同学猜图形。这样既能激活课堂氛围，又能让孩子们理解立体图形和平面图形的关系，避免枯燥讲解。

第二天比赛时，我把全班分成8个小组，每组选一位手语表达能力强的同学来比画，其他成员猜，猜中加分，分数最高者获得奖励。孩子们积极参与，踊跃报名，在思考和欢笑声中，前面的7个小组中有3个小组顺利猜出了圆锥、圆柱和球。轮到第7组时，一个胖胖的小男孩快步走到口袋边，看了又看，却迟迟不见他比画，我走过去一看，口袋里是四棱锥，最难猜。他一开始画了一个正方形，然后又画线，同学们猜是正方体。他摇头继续比划，同学们又猜长方体、圆柱等，<u>他急得满脸通红，眉头紧锁</u>，我正准备宣布他失败时，他在空中画了一个与地面平行的正方形，然后在正方形的四个方向各画了一个三角形。下面异口同声地喊道：四棱锥。<u>听着下面爆发的欢笑声和掌声，我深深地被这个男孩的智慧所折服，同时为自己的设计感到骄傲。</u>

活动结束后，孩子们仍意犹未尽。我乘势展示最后一个环节：让孩子们用平面图形创作一幅图片并介绍。曾有一位教育专家说过，当孩子们的学习激情被点燃的时候，孩子们的创造力是无法想象的。一个小女孩展示她的作品，一个椭圆的下面是一个三角形，同学们都认为是一个话筒，就在我也认可这样的说法时，这个女孩的解释却让我顿时来了一个180度的大转弯。她走到我跟前，有些哽咽地轻声对我说："老师，这不是话筒，这是我5岁那年，爸爸外出打工时承诺给我买的冰激凌！但他现在还在外面，我从未吃过！"<u>课堂顿时安静下来。我蹲下身，眼睛有些发红</u>，对她说："孩子，你的作品是今天所有的作品中最特别、最棒的！我为你感到骄傲！"同学们报以热烈的掌声。

课后，我了解了这位留守儿童的情况，在她年纪很小时父母离异，父亲常年在外务工，与年迈多病的奶奶相依为命。那天，我特意买了一个冰激凌送给这个小女孩儿。可这个小女孩的一句话，再次触动了我的泪点，"老师，你能留下来教我们吗？"听着这句朴实的话，我心中感慨万千，如果一节课能够激发孩子对数学的喜爱，将会对他们的未来产生多少影响呢。我依依不舍地对她说："孩子，有机会我一定会再来的！如果你有什么困难，就给我打电话吧！"此后，我时常关注她的学习和生活，逢年过节过生日也会去她家陪伴她，送她新书、文具衣物和生日蛋糕。后来，在政府的关心下，她的父亲也回到当地找到了工作，她变得开朗自信，成绩也越来越好。

她告诉我，长大后也想成为一名数学老师。

编者按

教学不一定深奥，激发学生内驱力，促使其独立思考主动探索，就是好的课堂。游戏化学习，几分欢喜几分忧，从满脸通红到全场爆发出欢笑声和掌声，强化了学生们对现实生活中空间物体形态和结构的理解，发展了学生的空间观念。

课堂，这个看似平凡却又充满魔力的地方，一次并不刻意的活动，让孩子们吐露出心声，分享着他们的人生。每个孩子都是独一无二的，可能会潜藏不为人知的小忧愁，可能会有被灰尘遮蔽的小暗淡，只要我们给予足够的关注和引导，师生间温暖的互动，将如同璀璨星辰般为孩子们驱散阴霾，照亮他们前行之路。

你其实是天使

河北省廊坊市大城县第四中学　数学教师　王宁

今天又是美好的一天，因为要学习投影与视图，这节课听起来就非常有意思，孩子们一定会很感兴趣的。这堂课要研究各种物体在日光和灯光的照射下投出的影子，虽是一堂数学概念课，但发挥的空间很大，可以利用各种教具现场展示。立体图形可以培养孩子们的空间想象能力，为此我设计利用多媒体展示各种图形的投影，有非遗文化皮影，有茫茫大雪中青松的倩影，更有祖先最早对投影的使用——古朴又实用的日晷……

讲到平行投影时，我用多媒体展示完后，一抬头阳光正好，明亮又温暖的光线透过窗户照到了黑板上，照得黑板亮堂堂的，于是我想邀请一位同学上来用粉笔盒展示一下正方体的投影。同学们都跃跃欲试，小手举得高高的，积极参与的小表情看得我高兴极了，和坐在左排最后面的旭同学形成了鲜明的"对比"。他微微低着头，眼皮下垂，无精打采地看向桌面，好像生怕我叫到他一样，懒懒散散的样子让我有点生气，想起他平时就不爱回答问题，学习也不够积极，从来不愿展示自己，学习停滞不前也不着急。我想调动起他学习的积极性，就说今天我们请旭同学帮老师展示一下，接着我用鼓励的目光看着旭，这时候我发现他抬头看了我一眼，眼中有点不耐烦，但看到我真诚的目光又有点犹豫。同学们明白了老师的用意，都用期待的眼神看着他，班长还带头说："旭同学加油，你可以的……"就这样旭慢慢地走上了讲台。

旭到讲台上依次展示了粉笔盒的前面、左面和上面的正投影，还展示了以对角线为长、以正方体棱长为宽的一面的正投影。我和孩子们一一分析讲解后说:"旭同学展示得非常好,同学们分析得也很棒,同学们关于正方体的投影还有什么想说的吗?"同学们都回答:"没有了!"这时候旭举起了手说:"老师我有话说。"同学们都用诧异和惊喜的眼神看着旭,一向懒懒散散从不多说一句话的他要说什么呢?旭漫不经心地说:"老师,我们不能只分析这几个特定面的正投影,在我转动粉笔盒的时候,转动的过程中粉笔盒在转,它的投影也时时刻刻在变,我认为我们都应该探究一下。"教室里安静了两秒,我用惊喜的眼神看着旭,然后高兴地说:"旭同学说得太好了!"接着教室里响起了热烈的掌声……大家都用欣赏的眼神看着旭,这时候旭的脸上露出了羞涩的笑容,里面藏着一个大男孩的腼腆与欣喜,眼神里再也没有了之前的懒散和无所谓,只有被肯定的开心。教了旭这么长时间,终于在旭脸上看到了发自内心的笑容,我也感觉开心极了!我接着说:"旭同学把老师想说的话都说了,今天的课后作业同学们要探究的就是运动中的正投影,探究立体图形的正投影在运动中是如何变化的。同学们可以从简单立体图形开始探究,将探究的结果以报告的形式交作业,另外再次对旭同学提出表扬,原来旭同学是一位宝藏男孩,也期待旭同学以后多举手发言,多展示自己,其实你很聪明,观察问题很细致,怪老师今天才发现,旭同学继续加油!"教室里的掌声又响了起来。

  放学后我将旭叫到了办公室,我说:"旭,现在办公室没人,愿意和老师谈谈心吗?听说在你8岁的时候父母出了意外,老师知道你一定很伤心,所以也不敢和你轻易提起,其实你对数学是有天赋的,很聪明,这节课老师看到了闪闪发光的你,其实老师很想了解你、帮助你、和你成为朋友。"在我说话的过程中旭已经泪流满面,一米七的大个子在我面前哭得如此无助,心疼得我也热泪盈眶。孩子说:"老师,我恨我自己,我的爸爸妈妈是为了急着赶回家给我过生日才发生车祸的!我感觉自己就是一个恶魔,要不是因为我,我爸爸妈妈就不会死,爷爷奶奶也不可能这么痛苦……"接着孩子就蹲在地上抱着头大哭,我赶紧将孩子抱紧默默地陪他流泪。一直等孩子情绪平复了一些,我才搂着孩子说:"首先,老师和你道歉,这么长时间因为怕揭你的伤疤让你伤心,都不敢提你父母的事,原来你背负着这么重的思想包袱,一个人独自走了这么多年。你太苦了,老师不知道怎么安慰你,但老师知道,虽然你经历了人生这么大的苦难,甚至很讨厌自己,但是仍然团结同学,好好学习,照顾爷爷奶奶,从小学到初中都是一个品德优秀的好孩子,有正义感,爱帮助同学,你真是太棒了。如果换一个人,包括老师,遇到同样的事情都不一定比你做得好,没准早就自暴自弃了,老师为你点赞!另外,你的爸爸妈妈一定不愿意看到你伤心自责,一定希望他们的儿子每天高高兴兴的,因为你不是恶魔,你是爷爷奶奶生活的希望和未来,更是爸爸妈妈用性命呵护的小天使……"

从此我和旭成了朋友,他和我谈他的想法,他的未来,他和我谈的话都不想告诉别人,我也遵守了我们的约定。<u>慢慢地,他脸上的笑容变多了,开朗了不少,也因为怕我失望,发疯似地爱上了数学。</u>这个正投影探究作业,旭做了5个泡沫模型来展示投影,同学们都为旭的转变感到惊喜……

后来,旭通过自己的努力以优异的成绩考上了高中,一直到现在我们都是好朋友。那堂数学课成了我们共同的回忆,他说,"老师我永远记得您说,我是爸爸妈妈呵护的小天使,这句话给了我无限的动力,让我一直奋发向上……"

何其有幸,成为一名人民教师,太阳底下最光辉的职业,成为孩子们迷茫时的灯塔,照亮他们前行的道路。关注每个孩子,在他们的成长之路上,以细致入微的关心和及时恰当的鼓励,呵护孩子们的心灵,帮助他们走出当前的困境。这是多么的有意义!从事这么有意义的事业,我们唯有用心用心再用心……

● 编 者 按

背负着父母为赶回家给自己过生日而双双车祸的沉重包袱的孩子,课堂上被点名而不耐烦,把自己当作恶魔,老师怎么走进这样的孩子心中?"其实老师很想了解你、帮助你,和你成为朋友""老师和你道歉""你是爸爸妈妈用性命呵护的小天使"……几句质朴而真挚的话语,让孩子持久释放多年积压的情绪。

王宁老师课上真诚鼓励的目光,课下诚恳温暖的谈心,**打开了孩子的心结,带来"爱上数学"的惊喜**。每一个孩子都是天使,相信每一个生命都有与生俱来的力量,只是有待于我们去发掘与唤醒。为师者,仁爱之心是根本,"爱是教育的灵魂,没有爱就没有教育"。

定格美好

河北省廊坊市大城县广安镇王屯中学　数学教师　孟美丽

不是生活中缺少发现美的眼睛,只是缺少发现美的心,如果用心去观察,那些看似不起眼的瞬间,都充满着色彩与温度。

——题记

七年级上册第四章"图形的认识初步"是系统学习图形的首发站,学生将通过学习图形的逻辑关系与空间想象,逐步建立起对图形的理解和应用能力。本章内容不仅为后续的几何学习奠定基础,更是培养学生数学核心素养的关键环节。基于这一定位,在处理这两课时的教学内容时,我决定和孩子们一起"疯玩"。

镜头一:令人期待的安排

"孩儿们,看今天的数学作业清单及要求,大家去找寻与众不同的图形的实物,拿到课堂上展示,期待你们的惊喜哟!"

小轩窃笑着:"今天的作业完成起来有点儿小爽,嘿嘿……"

镜头二：超乎预期的展示

教室俨然变成一个小型的琳琅满目的图形实物展厅：保温杯、精美礼品盒、充电器、小型收纳箱、球形巧克力、小小电风扇、橄榄形的液态钙、七巧板、悠悠球……

小雨高声喊道："哈哈，我的书包里就是长方体'大聚会'，快看！课本是吧，多层文具盒也是，我最爱的香味橡皮是吧，那这个带多条边多个面的铅笔应该叫什么图形？圆珠笔是不是大小圆柱结合的？……""你们看看这铅笔，确实有很多条边，上下两个面好像还有很多条边，我记得小学时说过，边其实就是棱，要不咱叫它多棱形吧，要不就叫多面体！"

子润："哈哈，我有重大发现，咱们的教学楼是大号长方体，教室里的下水管道、操场上的旗杆是中号圆柱体，粉笔盒是小号正方体，还有眼前的这些桌子面、椅子面、黑板面、五星红旗的面儿全都是长方形，我感觉笤帚的面儿是三角形。"

萱儿如数家珍道："嘿嘿，我家就是座宝库：保温杯、圆形面的饭盒、每天用的卫生纸卷、扫地机器人是圆柱形的吧；还有各种各样的收纳盒、睡觉的床垫、茶几、漂亮的衣柜、空调是长方体；打麻将时打点数用的骰子是正方体……"

孩子们三个一群儿两个一伙儿高谈阔论着、手舞足蹈般展示着、聚精会神倾听着。须臾间视频展播《丰富多彩的图形世界》，孩子们求知若渴的目光聚焦于此，神奇图形魔盒就此打开……目光所及之处皆是魔幻般的金字塔、高耸入云的建筑物、纵横交错的立交桥……如此美、如此多、如此玄幻……喧闹声再次迭起："可乐瓶为什么要设计成这个样子？制作一个圣诞帽需要多少材料？车轮如果是正方形跑起来会是什么样子？……""其实咱们可以在网上搜一下看看有没有正方形的轮胎，对，快搜搜看……"

镜头三：精心设计的追问

1. 你认为数学应该研究物体的哪些方面？
2. 你觉得种类繁多的各种物体图形，我们该如何识别？
3. 当我们遇到问题时，大家的解决途径有哪些？

吕朝快速答道："研究物体的形状、大小、位置。""物体的图形可以分平面图形和立体图形"。

师追问："你的答案又快又准，你是如何得到的？"

多个学生抢答："预习的时候从课本上找到的！""还可以用网络呀！""还可以问老师。"……

师追问："看来大家解决问题的方法挺多，那谁能给大家介绍一下什么是物体的面？有谁接触过二维平面和三维立体？"

浩然有点儿腼腆说："位置有点儿不懂什么意思，需要老师的帮助……""老师，我看过五维电影，那是怎么回事？……"

师生讨论交流分享着图形的"来龙去脉"。

镜头四：顺其自然地引导

师说："图形研究的目的之一就是为我们的生活所用，我们何不动手试试呢？一起来做咱们身边的图形：长方体、正方体、圆柱体、圆锥体、纸质金字塔……"

梓妍说："老师，我们不知道怎么做？需要什么工具？咋办？"

梓敏说："网上有视频讲解，咱们可以看着做；也可以根据课本上物体的展开图来做；还可以向爸爸妈妈求教，让他们帮忙做……"

师说："你们解决问题的办法超级实用，但需要你们亲自动手去做，做的过程中一定会遇到困难，这时更需要你们想办法解决，老师不希望你们遇到困难就放弃，要善始善终哟！"

镜头五：背后的故事

茂东家：全家历时两小时讨论交流操作，妈妈找旧日历硬质纸、孩子看视频攻略测量画展开图、奶奶挥舞剪刀演示剪拼、爸爸帮忙粘贴成型、姐姐拍照发朋友圈……忙得那叫一个不亦乐乎！

小女孩家：她静静看视频讲解，时而按下暂停键凝神思考，时而调整播放进度条循环播放，时而用铅笔勾勾画画，时而挥舞着剪刀旋转着。桌面上摊满了形态各异的三角形、扇形、长方形、正方形……<u>脸上洋溢着微笑，嘴角儿微翘、眼间尽是光芒</u>……转眼间，多个物体模型展现在眼前，她轻轻地把这些作品、剪刀、胶棒、纸片放到一个较大的塑料袋中，拎到枕边，深深地看了一会儿，才躺下进入梦乡。

镜头六：发光的"她"

上午第三节数学课上，我准备了多把剪刀、圆规、硬纸、透明胶带、各种立体图形的展开图、各种立体图形教具、视频讲解片段等。

孩子们渴求的目光紧紧追随着每一帧视频讲解，笨拙的小手一直在画图、剪来剪去，不满意，重新来过，一遍又一遍。

"圆锥的展开图是扇形，咱们应该先用圆规做个圆形出来，再裁剪一部分圆就可以了，我觉得是这样操作，你觉得呢？要不咱们试试？""要不再看一遍视频讲解吧，这样可以比较快地知道正确的做法……哦，终于搞明白了，咱们没有想到圆的周长得和扇形的边对应上，做出来两部分合不上。"两个孩子你一言我一语地商量着："我计算圆的半径，你画扇形展开图；我剪，你粘贴……"终于"小小的脆筒冰激凌"问世，两个孩子高喊着："来一来，看一看，美味巧克力冰激凌来喽！"大家的目光齐聚在这小小的"冰激凌"上，有艳羡、欣赏、崇拜……

"她"轻声细语地讲道："每个图形有很多个平面，只要把这些面找到并画出来，按大小对上就可以做出图形了，你看……"我驻足倾听："长方体需要四个一样的长方形，其实可以一次性剪出来，这样子折两次，就有四个面了，也不用剪断，剩下的两个面的边长你觉得可以任意剪吗？""她"凝视着小雨，小雨委屈地说："我就是搞不懂为什么这么多个面围成长方体，想象不出来可咋办？""她"思忖片刻，拿出作品长方体："你看看，数一数有几个面？可以用笔标上记号1、2、3……"数完后，"她"随即拿出剪刀把长方体连体剪开，每个面上的数字赫然在列，再合上，再展开……"哦，明白了，我知道里面的秘密了！"小雨欢呼雀跃起来。

恍惚间我的思绪被拉到了三个月前，还没到深秋，但"她"却穿着棉衣进了教室，显得那么与众不同，神情躲避着什么，而后安静地坐在课桌前……思绪再次被拉到了两个月前，一天，办公室涌进十几个高年级的学生，他们把"她"拉入一个群里进行了网暴……班主任、学校、家长们进行了全方面调查沟通，给了"她"一个道歉、一份保障、一丝安全。今天的"她"认真地讲解着，熟练地操作着，眼里溢出了光芒，嘴角儿微扬，声音平缓有力。

镜头七：疗愈心灵的拥抱

课桌上孩子们的每个作品都独具一格，有的憨态可掬，有的精美丝滑，有的简单粗糙，有的挺拔傲然……最后孩子们的目光聚焦在了"她"的作品上：棱线分明、平滑规整、种类齐全、简单大气……此时掌声响了起来，"她"羞答答地低下了头。我的思绪再次被拉到了"她"班主任的嘱托："这孩子妈妈因为疾病复发，怕别人伤害她，硬生生地把'她'圈在家里一年多之久没有上学，后来到了学校许久'她'都不说话……"我静静地凝视着"她"的一颦一笑，轻轻地拥抱了"她"一下，把一个八面体礼物奖给了"她"，掌声再次响起。

镜头八："茄子"

全班师生齐喊"茄子"，美好的瞬间定格于此。

开放性的实践课一直是不敢轻易尝试的禁区，主要顾虑是课堂目标不容易达成，但恰当把握时机，真正意义上把课堂还给孩子们，总能收获许多意外的快乐，如孩子们天性的释放、实操课的合作共赢、彼此的和谐交流，真心的欣赏鼓励，我的"快乐"就是孩子们脸上洋溢的笑容。

给孩子一个舞台，他们就会跳舞；给孩子一个支点，他们就会腾飞……

陆　眼中有人　关注学生成长的课堂

编 者 按

　　那么多美好的镜头，**照片中孩子们灿烂的笑容**，源自老师的智慧和耐心。发光的"她"，眼里溢出了光芒，嘴角儿微翘，同学们投来欣赏、崇拜的目光。如此温馨的课堂，"她"的心里一定是充实的、欢愉的；美丽老师一定是兴奋的、心满意足的。在学习知识的同时，**沐浴着更多的温暖与快乐**，这样的课堂，令人心向往之！

　　开放性课堂给了孩子们广阔的舞台。它打破传统课堂的束缚，让学生在自由、轻松的氛围中探索和学习，为知识的形成赋予了更多的可能性。**老师是学生学习的设计者、组织者和合作者**，为学生的成长引路搭桥保驾护航。当然，打造出有趣高效的开放性课堂并非易事，需要老师们在教学理念和教学方法等方面进行深入的思考与持续的探索。

149

爽歪歪的"ETC"

河北省廊坊市大城县广安镇王屯中学　数学教师　孟美丽

近日一位同事因病休假,她的数学课由我暂时代上。经过上周的观察,我发现孩子们课堂表现很棒,目标任务达成度令人比较满意。只是,一个孩子比较独特,他课堂上"随时随地"的发言让我有点儿哭笑不得。

"老师,这道题的解题过程我们数学老师不是这样要求的,我按我们数学老师的要求去做吧!"

"老师,我有疑问,为什么解决这道计算题时,你的要求是先计算再化简,我先化简再计算难道不行吗?"

"老师……"

"老师,他是咱们班的'ETC',不用理会他……"

"什么'ETC'?"我满脸疑惑地看着孩子们。

"他总喜欢和别人抬杠,简称'自动抬',也就是'ETC'!"

我闻言一惊,又一个带绰号的孩子出现在班级群体里,多半"名不虚传"。

从那一刻起,我不得不重点关注这孩子课堂上的一举一动:"老师,为什么很多人要证明勾股定理?""老师,为什么勾股定理必须是直角三角形?"问题一大堆,可连续观察了几天,我把他提出的问题串联起来,惊奇地发现他的思维认知很有特点,他随时随地迸发出奇思妙想的小火花,我何不让花绽放?何不顺藤巧引摸蒂落"瓜"!

心中有了"他",我在备课时更多浏览了拓展知识点,以备他出其不意地提问;在学习网站上听专业老师们的各种解题策略,以备他的各种解题步骤的围追堵截；在课堂上把学习的主体还给孩子们，以备他要求说："自己动手，丰衣足食吧。"

周四的数学课堂上，我准备了一节专项提升课，主要锻炼孩子们整体思维能力，设计了三道题目。前两个题，孩子们轻车熟路地解决了。<u>果然，他热切地提出："老师，余下的课堂时间我想挑战一下可以吗？"</u>我微笑着说："老师很欣赏你勇于挑战的劲头儿，来吧！这道题你来做主。"

他走到数学课代表晨雨身旁，说道："咱们俩 PK 这道题，玩吗？"晨雨哈哈一笑："我接受挑战，来吧！"转眼间，力量悬殊的两大阵营迅速形成：晨雨的强大阵营令人望而却步，他的阵营只有我和他的同桌。

只见他们在黑板上快速画出一个直角三角形，标识字母后都安静了下来：晨雨的脸上洋溢着自信，在图形上边勾边画，时而凝神观图，时而奋笔疾书，转瞬间，解题验算步骤铺满了大片黑板；而他，眉头紧蹙，眼睛在条件和图形间穿梭着，鼻尖儿渗出了细密的汗珠，随即他眉间舒展开来，轻握粉笔几笔带过，结束了。同学们瞬间蒙了，"<u>他的解题步骤为什么这么简单？对吗？</u>""应该是对的，你看他们俩的结果是一样的。""没想到这家伙儿，这次'杠'对了，一鸣惊人呀！"我趁热打铁："解题结果一样，可否在解题思路方法上给大家细细剖析一下？"

晨雨从思路、解法、书写要求等方面事无巨细地一一有序展开，大家报以热烈的掌声。再看他，简单明了说了两句话："我是从赵爽弦图证明勾股定理得到的灵感，用不同的方法求这个图形的面积就能得到方程，解出即可。"他随即列出一个简单方程，口算即出结果。<u>同学们面面相觑，直呼："还有这神操作？"</u>随即大家热烈的掌声持续了许久。

我微笑着点点头，<u>赞赏之情溢于言表</u>："孩子们，你们的分享真是特别精彩，每个人都展现了独特的思路和优点，晨雨的思路严谨规范，而基于'不同方法算出的图形面积相等'快速列出方程，是一种相对创新的思路。这正是老师所期望的，我们热爱思考，乐于分享，更能汲取别人的智慧，发现别人的闪光之处。"

然后，我话锋一转，语气中透露出对更高目标的追求："然而，这只是我们迈向卓越的第一步。真正的挑战在于，我们能否保持谦逊和进取的心态，互相吸取同学们的精华，持续学习，不断超越自我，成为更好的自己。"

我走到黑板前，用坚定的笔触写下"谦逊进取，持续超越"八个字，教室里响起了热烈的掌声。

我转头望向晨雨："相信晨雨今天特别有收获，对吗？"

课代表默契地向我点点头。

殊不知"ETC"又来发表感慨了："我现在就像是刚刚冲完凉，穿着小裤衩在客厅里狂奔，那感觉，爽——歪——歪！"话音未落，孩子们笑得前仰后合，我则羞红了脸。

编者按

"ETC"同学的"十万个为什么"，仿佛是一道道明亮的光，照亮了他探索世界的道路。这些天真无邪的问题，不仅代表了他对知识的渴望，更是他独立思考和积极探索的明证。在他的眼中，世界是一个充满奇迹和未知的宝藏，他随时迸发出奇妙的小火花，美丽老师巧妙地助燃了这些火花，顺藤巧引，让"花儿"结"果"。

不同的种子，拥有不同的生长规律，花期亦各有千秋。每个孩子都有自己的发展节奏和学习方式。无论是哪种类型的孩子，都值得尊重和理解。我们要学会倾听孩子的声音，引导他们自己去寻找答案，让他们在探索的过程中体验到学习的乐趣和成就感。

不一样的"热辣滚烫"

辽宁省大连东方实验高级中学　英语教师　金莹

我 6 年前有一位学生，名字叫昊星。他是一个非常与众不同的学生，因为初中三年他学的是日语，到了高中，竟然从日语改成英语。

起初，对于昊星来说，所有英语考试，那就主要靠一个字——蒙。思前想后，我决定把昊星作为我班的"国宝级人物"来重点保护。到底怎么保护呢？也颇费心思，首先和昊星建立良好的师生关系，让他不抵触。我不仅是他的英语老师，同时也是班主任，我不希望未来三年每天都生活在与学生的抗争中。其次，因为昊星不喜欢英语，或者说他根本不会英语也就谈不上喜欢，我想了很多办法。

对于昊星这位特殊学生来说，他的一个非常大的困难就是词汇。我们班有很多互助小组，每个小组有不同的帮扶对象和学习任务，我专门为昊星组建了背单词互助小组，课间午休的时候，互助小组以词汇 PK 的方式帮他背单词，提高他的词汇量。另外，全校使用平板教学，学生人人有平板，借助维词 App，昊星的学习兴趣和学习效果大大提高。

昊星的努力渐渐有了回报，他对英语的兴趣日益浓厚，在课堂上变得更加积极。尽管偶尔会回答错误，但他的学习热情丝毫未减。他的进步有目共睹，成绩也在逐步提升，这让我感到十分欣慰。

有的老师私下里对我说，你真是"幸运"，这样的学生分到了你负责的班，平均分落了多少呀！我何尝不是心知肚明，但是我在思考，作为一名老师，本身的职责，就仅仅是为了提升学生的成绩吗？如果昊星通过日语改英语，高考的选择面更广，对他的未来事业有更大的帮助，难道不是老师应该做的吗？我觉得这样的教师才更值得尊重。所以我从来不在意他对我们班级平均分的影响，每当我看到他成绩的进步时，从心底为他欢呼雀跃。

昊星的单词量上来后，我开始思考更进一步的提升措施，就是学校倡导的"五化课堂模式"，即内容目标化、目标问题化、问题习题化、习题模型化、达标检测化，以帮助学生厘清学习思路，提高学习效率。其中习题模型化应该会特别适合昊星，即根据学科特色，通过思维导图、答题模板、答题程序、步骤总结等不同方式，归纳答题技巧，模型化教学，先固化后优化，通过阶段性应用，提升学习效果，让学生感受到快速进步的快乐，这尤其适合基础薄弱的学生。

在一节语法课上，我用思维导图展示动词习题模型，一目了然地呈现了动词填空题的结构和要点，帮助学生更好地理解、记忆和应用语法知识。随后，我解释了每部分的含义和填写技巧，强调了动词时态、语态、主谓一致等语法知识，并给了一些实例来说明如何选择合适的动词形式。接下来，学生们开始限时练习。一时间，教室里一片安静，只有签字笔在纸上划过的声音。学生们利用平板提交答卷，通过屏幕共享和学生名录功能，快速核对答案。令人惊喜的是，我注意到我的"国宝级学生"在这次习题检测中的准确率达到了70%，班级里其他成绩较低的学生也都取得了不同程度的进步，这让我感到非常欣慰。这证明了习题模型化的有效性，同时清晰显示出对昊星的帮助成效。

课后反馈中，学生们纷纷表达了对习题模型化教学方法的喜爱和认可。他们感受到了自己在这节课上的成长和进步，也体会到了语法填空的乐趣和挑战。

就这样，一点一滴，从缺乏词汇到词汇量的逐步累积，从缺乏兴趣到越来越感兴趣，从缺乏自信到自信满满……

电影《热辣滚烫》中有这样一句话："新的一年，希望我们每个人都有勇气活出自己热辣滚烫的人生。"不会英语的昊星，英语学习何尝不是热辣滚烫？对于我来说，面对昊星这样独特的学生，束手无策的我也感到热辣滚烫。在热辣滚烫中，我们找到了秘籍。作为教育工作者，就是要帮助学生，<u>让他们在生活中站起来</u>，感受到自己可以变得强大。

这样的五化课堂一节又一节，一个月又一个月，一年又一年，三年过去了，昊星毕业了，他的高考英语成绩取得了明显的进步，虽然称不上优秀，至少他自己很满意。

如今，昊星已经大学毕业，走上工作岗位，逢年过节会给我发来祝福和问候。毕业的孩子们还会想起曾经的老师，不忘师恩，这就是教育的真谛，是教师的幸福。作为教师，不能仅仅看到学生的成绩，<u>还要看到他们的无限潜力，帮助他们在生活中拥有更高的站位和更广阔的视野</u>。

坚持和梦想，在课堂中得以体现，在生活中得以升华。我们尊重学生的差异，给予他们帮助与支持，让他们找到前进的方向。教育是一个永恒的课题，需要我们上下求索，为学生创造更美好的未来。

编者按

初中学日语高中学英语，金老师为"国宝级学生"私人定制了国宝级待遇，组建互助小组 PK 背单词，平板上 App 学单词，课堂上格外关注，**让"国宝"感受到自己的成长和进步**，体验到自己可以变得强大，"国宝"自然就会发挥出他无限的潜力！

学生们当然会十分喜爱"习题模型化"教学方法。对于基础相对薄弱的学生而言，模型化教学，先固化后优化，能帮助他们厘清学习思路，提高学习效果，让学生们感受到快速进步的快乐，体会到其中的乐趣和挑战，进而才能激发动力深入学习。

世界上没有完全相同的两片树叶。教育家苏霍姆林斯基说：每个孩子都是一个完全特殊的，独一无二的世界。**每个学生都宛如一颗独特的星辰**，有着自己的运行轨迹与成长节奏，若给予充分的尊重、关爱与支持，必定能绽放出耀眼光芒。

我心中的那朵雏菊

广西壮族自治区巴马瑶族自治县第二小学　语文教师　韦丹霞

小学语文的课堂,应该注重传授知识,还是培养孩子们的品德和情感?如何让孩子们深刻地理解人生和情感的真谛?如何帮助孩子们在成长的道路上更加坚定和自信?我毕业刚刚参加工作时的一节课,一直在我脑海中回荡,历历在目。

那是早上第三节课,单元的主题是亲情。前一晚备课时,我打算一改直奔第一篇主题课文的常态,先讲一个关于亲情的感人故事。故事讲述了一个小男孩和他的母亲之间的深厚感情。小男孩的母亲生病了,他非常担心,于是他开始寻找治疗母亲的方法。在寻找的过程中,小男孩遇到了许多困难和挑战,但是他从未放弃。最终,小男孩找到了一种神奇的草药,成功地治愈了母亲的病。我激情投入、声情并茂地讲述着,孩子们听得津津有味。

教学到一半的时候,我开始注意到一个小女孩默默地流眼泪。这个全班个子最小的小女孩叫瑄,父母离异后妈妈走了,从小就跟奶奶相依相伴。她是一个文静的孩子,像一朵九月的雏菊,让人怜惜。今天她似乎被故事中的情节深深触动了,抽泣声不由得让人往她座位上看。

我停下讲述,轻轻地走到瑄身边,俯下身:"瑄,你怎么了?"她抬起头,脸上挂着泪珠,哽咽着说:"老师,我想起了我的奶奶。她最近身体不好,我也想为她做些什么,但是我太小了,什么也做不了。昨天,在宿舍里洗外套的时候(建校初期是全日制寄宿小学,两个星期回一次家),我没有力气拧干,就只好直接挂上去晒了。结果地上积一大摊水,还被值日老师扣分了。"

我轻轻地抚摸着她凌乱的小辫，安慰道："瑄，你的心意非常好。你有这份孝心，奶奶一定会感受到的。你现在努力学习，将来一定会成为一个有用的人，为家人带来更多的幸福。你真能干，那么小，还会自己洗外套。扣分不怪你，我觉得还应该给你加分，对吧，同学们？"孩子们很给力，教室里响起了掌声。

听着我的安慰，她渐渐停止了哭泣，坚定地点点头，表示为了家人自己会努力学习。

待我起身时，再环看，有一些孩子眼眶也红了。我顺势引入开课：亲情不是浓烈的醇酒，不是甜美的饮品，它只不过是一杯纯净平淡的白开水，虽然无色无味，却是我们生活中须臾不能离开的。它不会让我们兴奋，却能让我们从容；它不会给我们刻骨难忘的体验，却始终为我们提供着不可或缺的营养。亲情中自有一份纯朴和自然，不用刻意地雕琢，在我们觉察到时，它早已悄悄浸润在我们的血脉中。

那节课，孩子们似乎比往常听得更认真，更入心……我知道，教室里盛开的是遍野的雏菊，天真、纯洁而坚韧。

这是我参加工作带的第一届学生，20多年来，这节课常常浮现在我脑海。这届学生们早已长大，他们走上了工作岗位，组建了自己的家庭，成为了一个个有爱心、有责任感的人。而那个关于亲情的故事也成为他们的一段佳话，曾经聚会时被他们围在中央，听他们开心地说："老师，还记得您给我们讲的那个小男孩和母亲的故事吗？那是我们人生中很重要的一课。当时，父母大都在外地打工，听到那个故事，对于缺失陪伴两个星期才能回一次家的我们来说，直接泪奔！通过那节课，我们学会了珍惜，学会了感恩，理解了亲情的重要性。"

而瑄，那个曾经为故事流泪的小女孩，现在已经是一名优秀的医生。她告诉我，每当她在工作中遇到困难和挫折时，都会想起那个故事，想起那节课她流下的眼泪。那个故事激发了她对奶奶的爱，让她下定决心成为一名医生，为更多的人带去健康和温暖。

也许有些人已经记不清那个故事、那节课，但是我为他们种下的亲情的种子，却一直在他们心中生根发芽，茁壮成长。它不仅滋养了他们的心灵，更点亮了他们的人生路途。我每次想起那节课，想起瑄的眼泪，心中也充满了感慨。我感慨于亲情的伟大，感慨于孩子们的纯真和善良。我知道，<u>那节课不仅影响了孩子们，也影响了自己，因为这份爱的传递，收获了满满的幸福和成就感</u>。在教育的道路上，我将一直坚定前行，用心灵感动心灵，用爱灌溉成长。

● 编 者 按

> 陶行知曾言："先生不应该专教书，他的责任是教人做人。学生不应该专读书，他的责任是学习人生之道。""真教育是心心相印的活动，唯独从心里发出来的，才能打动心灵的深处。"20多年后，被故事情节触动而流泪的小女孩，还常常浮现在丹霞老师脑海，可见这节课来自心灵深处。用心灵感动心灵，以生命影响生命，是每位教育人不懈的追求。

打瞌睡的数学课堂

宁夏回族自治区石嘴山市平罗中学　数学教师　郭伟东

北方的冬天寒冷而漫长，对于每个普通高中的师生来说，披星戴月是冬季里的必修课。我的数学课，几乎每天都被安排在上午的第一、二节。在深冬里的第一节课，天刚蒙蒙亮，我像往常一样推开教室门，映入眼帘的是趴在课桌上的密密麻麻的脑袋，还有零星的几个同学，安静地在座位上吃着早餐。<u>孩子们太累了，睡得太晚，起得太早，祖国的花朵啊，正是长身体的时候，但无奈的是孩子们学习压力很大。我站在讲台上默默地看着孩子们，不忍打扰他们。上课的预备铃响了，孩子们都纷纷坐直了，有的同学拍了拍身边还趴着的同桌，我知道今天又是孩子们要和瞌睡虫战斗的一天。

一改往日按部就班的教学安排，我语重心长地说道："孩子们，看见你们这么累，老师真的很能理解你们学习的辛苦。还记得我在高一的时候，有一次上化学课，也是因为太困了，坐着睡着了，被老师发现，就对大家说，看那个同学的样子真是难看。我一下惊醒了，感觉头皮像是被万根钢针扎了一下，从那以后我再也没有在课堂上打过瞌睡。"我发现大部分同学听得特别认真，于是接着说："当时我的老师以那样的方式提醒我，虽然让我很尴尬，但我还是很感激她。我相信她是善意的，也并不是有意要我难堪。其实，上课打瞌睡，也不是我愿意的，我也在努力听课，但的确太困了。刚才看着你们趴在课桌上睡觉，我很能理解，你们现在面临的学习压力，要比我高中那时大多了。但是你们在课堂上打瞌睡，对教和学都是一个实实在在的困扰，我们要想办法解决这个问题！"孩子们聚精会神的目光告诉我，他们感受到了老师理解和接纳的温暖。

上课铃响起了，我先让同学们搓搓脸，揉揉耳朵。他们立刻个个都精神了起来。学生们在上课的时候都很投入，看着他们专注的样子我是真心地欢喜。课上到一半的时候，我发现有几个同学又打起瞌睡来了，但没有一个是趴下去的，我想他们一定很困，但还是在努力地控制自己，不让眼睛闭起来。于是我停下来，提醒他们，感觉困的同学，可以主动到教室后面站一会儿，等不困的时候再坐下，听到我这样说，有五六个同学很自觉地站在了后面。大约又过了五分钟，我突然发现，站在后面的小李同学居然站着睡着了。

我突然意识到，上课打瞌睡这个问题比我想象的严重，不仅影响到了正常的教学，更重要是已经严重影响到孩子们的身心健康。我再次停下了讲课，提醒大家坐端正，我们一起聊一聊上课打瞌睡这个话题。

久久回响
那些有温度的课堂故事

有的同学说，每天作业太多了，睡觉基本上都在 12 点之后，有些同学甚至到一两点才睡，但每天 6 点就得起床，睡眠时间少是上课打瞌睡的主要原因。可是想睡得早一些，作业又写不完。作业写不完，一是因为学习的科目多，单个科目的作业量可能不算大，但把各科加在一起就很多了，二是因为很多同学的学习效率有些低，不得不打时间消耗战，这样长期下去，不但没有好的学习效果，而且会产生不少负面的影响。

讲到这里，刚才打瞌睡的小李同学一脸苦相地说，老师我们太难了，你救救我们吧！他像找到了救命稻草一样。我平静地告诉孩子们："老师能理解你们，但这个问题是需要我们一起面对的，一起来商量改善。那大家一起来想想解决的办法吧。小李同学，你先来说说吧，你有什么好想法！"

小李同学说："有些作业，其实我不想写，因为我已经会了，只是怕老师的责罚，才不得不应付一下，可是再怎么样都得花时间和精力啊！"

不少同学附和着说："就是啊，还有不少同学一大早来到学校抄作业呢！"

小张同学说："上课的时候，有些题目你让我们来讲吧，我很喜欢在课堂上讲题，因为一讲题我就兴奋了，就不会觉得瞌睡了。"

小王同学说："老师要是我们打瞌睡了，你就给我们唱首歌吧！"

小宇同学说："化学老师用了一个随机点名回答问题的小软件，每当提问的时候大家都可紧张了，有人希望自己被抽到，有人害怕自己被抽到，我觉得这个能够刺激一下大家疲惫的神经。"

大家七嘴八舌地说了很多，最后我们总结出了一些解决问题的措施。

（1）针对作业问题，大家的意见是可以根据自己掌握的情况有选择地去做，对于一些重复性的或已经掌握的内容可以灵活地处理，当然这需要和科任老师沟通说明情况。

（2）改善学习方法，提高学习效率，特别是把晚自习的时间用上，要能够效用最大化，做好计划，保持专注，高效地完成学习任务。

（3）课堂上灵活采用多种活跃课堂气氛的方式，比如让同学们上讲台讲题，也可以适当地搞些小活动，让教学的氛围更轻松。

毫无悬念的是，这节课的教学计划没有完成，但我觉得这节课的收获和意义是巨大的。因为在打瞌睡这个问题上，我没有直接指责上课睡觉的学生，也没有放任不管，而是理解他们的处境，同他们一起商量解决问题，引导他们自己去寻找合理的解决方案。<u>教师不仅仅是一个课堂教学的管理者和教导者，更多的是学生的陪伴者和领路人</u>，教会孩子发现问题和解决问题。事实上，只要在合适的情景下，学生是有智慧和能力解决好他们所面对的问题的，教师的作用就是让那一切发生得自然些。经历过这次如何解决上课打瞌睡问题，课堂氛围变得活泼了很多。

编 者 按

"我突然意识到，上课打瞌睡这个问题比我想象的严重。"温暖的伟东老师看到了问题的存在，才能解决问题，最怕的是习以为常、视而不见，**"看见"**是第一步。

学生偶尔打瞌睡很正常，伟东老师以理性的态度看待这个问题，给予学生理解、包容与共鸣，而非简单的指责与惩罚，与学生建立真正的情感连接，共同面对和解决问题，**"理解包容"**是第二步。

进而分析瞌睡现象背后的本质，和学生们一起找出有效的解决措施，就水到渠成了。**"解决问题"**是第三步，反而也是最轻松的一步了。

教学相长
学生改变教师的课堂

柒

教育，是一场双向奔赴的旅程。高三学生秘密准备的惊喜与褒奖反哺着老师们；"斑羚飞渡时动量守恒吗"的提问引发公开课是否应该遵循"预设轨道"的思考；初涉教坛的年轻而懵懂的政宇老师，被学生们启发感悟到充分信任的价值……优秀的学生造就优秀的老师，学生改变教师，非不能也，乃常态也！感知变化、接纳变化，主动拥抱变化！

故事视频

奥地利维也纳中文学校　宁圃晨老师

学生改变了我

浙江省诸暨市浣东街道城新小学　信息科技教师　俞碧文

"俞老师，孩子借走的几个传感器，一定让我还给您。"接到润妈的电话，我很是意外。孩子已经小学毕业，我自然也没有想着拿回几个被借走的传感器。但是在取回传感器的那天却没有看到孩子，原来孩子脊柱侧歪进行了手术，还需要长达半年的休学恢复治疗。

我以为跟润的联系可能就此结束了，但是，在他初一期末考试结束的那天，意外地在校园中看到了这个熟悉的男孩，和一群来看小学老师的同学们一起站在五柳溪旁。<u>他看到了我，用力地挥着手，而我急着赶去上课，远远地打了个招呼就钻进了机房上课。</u>看到返回母校的孩子，总会让人不由得回忆起很多故事，让我印象最深的是他曾写的一篇关于我的作文。

俞老师

编程是我一生的梦想，俞老师带了我两年，这些美好的回忆，是从五年级开始的。

记得五年级时，我加入了创客社团，心里十分地激动，也十分地忐忑。我担心自己是否跟得上，但遇到您，悬着的心立刻放了下来。刚开始的时候，自己就是纯小白一个，一切都是那么神秘，一切都是那么懵懂无知。我总是忘了接线的次序，急得面红耳赤，担心您会说我，但您非但没有批评，反而不厌其烦地指导。

您那青春的手，在我的键盘上轻快地舞动；您那温柔的话语，如一缕缕暖阳，打开了我曾懵懂的世界，更照亮了我的心。上课时，您总是跟我们开开玩笑，让有趣的课堂锦上添花；您那短而蓬松的头发，在阳光的照耀下反射出丝丝金光；您那充满童趣的眼睛，让一切都变得那么美好。不论是您温柔的话语，还是您欢乐的笑容，一切都显得那么富有活力，那么充满童趣，在我们心中，您不是老师，更像是我们的好朋友！

依然记得当时语文老师"吃醋"的可爱模样。是的，一般孩子们的小作文写语文、数学老师的偏多，这次居然被社团老师抢了风头，哈哈……不得不说，内心还是有点沾沾自喜的。

拉回记忆中的美好，一晃就下课了，回到办公室，惊讶地发现润居然在办公室等着我。他长高了些许，手上拎着一袋吐司，硬是要塞到我手里，说："俞老师，送您的礼物！"他递过吐司，语气中带着一丝坚定。我笑着接过，心中涌起一股暖流。这不只是一份礼物，更是孩子对我的一份敬爱。"腰怎么样了，恢复得如何？"我关切地询问，确实一直挺担心他的身体状况。"嗯，恢复得挺好的。"还扭了扭腰，看来恢复得不错，真替他开心。就这样，我们匆匆地聊了几句，我便要赶去上下一节课。

人与人之间的缘分总是如此微妙，润是个非常独特的孩子，他妈妈说，每当润有空的时候，就会捣鼓一些小发明，特别热衷于研究各类传感器。回忆和润一起度过的课堂上的快乐时光，我常常会深感怀念。还记得带他参加创客比赛的那一次，他和搭档很执着地想要制作一个充满浪漫气息的冬奥会作品，我们之间好多次意见不合，他们要加上一圈灯带，我觉得有点累赘；他们要用亚克力雕刻，我觉得过于通透……但是在他们的执着坚持之下，大部分随了他们的心意，最后在漆黑的办公室里看到一个如梦如幻的作品时，我瞬间热泪盈眶，被他们的创意折服！

润的这份执着彻底改变了我，让我在之后遇到更多执着的孩子时，内心多了一份柔和与放手。凌龙，一个四年级就加入了信息学奥赛（简称"信奥"）社团的男孩子，说起他，行政楼没有一个老师不认识他，因为他是我办公室的"常客"，而且只要我不在，他就特别执着地等着我，一副把"办公室坐穿"的架势，还主动申请利用午休时间来机房做题。恰是这份对信奥的执着，最后他成了班里第一个拿下一等奖的孩子。明树，戴着一副黑框眼镜，酷爱计算机，一个文件袋，两三本编程书，五六年级就开始研究初中的信奥题目，这孩子简直就是另一个"润"，曾经执着地来磨我，希望我把机房为他"私人开放"。享受着这个特殊待遇的明树，靠着执着与钻研的劲儿，曾经拿过信奥满分奖、创客绍兴一等奖等多个荣誉。如果没有润这样的学生改变了我，可能至今我也做不到对孩子们的柔和与放手，而这份柔和与放手才能让孩子们有勇气"挑衅"老师、挑战自己。

　　教育，从来不是单向的灌输，而是双向的启迪与成长。在教育的道路上，教师与学生互相促进，共同成长。教师的一个眼神、一句鼓励，或许就能点燃孩子心中的创新之火；而同时，孩子们的天真无邪、独特思维，也在不经意间触动教师的心灵，促使我们不断反思、改变。正如孔子所言："三人行，必有我师焉。"教育旅程中，让我们珍惜与孩子们共同成长的时光，用心去感受、去鼓励、去陪伴，看见每个孩子的不同，不断地调整自己。

久久回响
那些有温度的课堂故事

> **编者按**
>
> 教育，是一场双向奔赴，师生在其中相互启迪、共同成长。
>
> 一篇珍藏的作文，"办公室坐穿"的架势，见证了俞老师与学生之间深厚的情感。学生们对老师的深深敬意，令人动容，亲其师而信其道，师生的亲密关系与相互信任，在学生成长中的作用怎么强调都不夸张。
>
> 碧文老师从孩子们身上汲取了无尽的灵感和力量，"内心多了一份柔和与放手"，成为更好的教育者。学生带给老师的改变，让人心生触动，感知这些变化、接纳这些变化，成为主动拥抱变化的教育人。

桃李春风

山西省永济中学　地理教师　吕芙萍

2021年秋天，父亲去世，从生病到去世约大半年时间。父亲整整陪了我半个世纪，料理完丧事，就赶紧返回学校，因为带的毕业班即将面临重要的高考时刻。

那天，我尽力调整好自己的情绪，然后推门走进教室。教室里猛然响起欢迎老师归来的掌声，705班的学生一贯聪明热忱，但仍然让我有点猝不及防，本打算和他们打个招呼，却一开口就眼泪汹涌，坐在讲桌旁的琳赶忙递给我一叠纸巾，我才慢慢平复情绪。

晚自习，我在讲台坐着陪学生们做作业，不提防，悲从心来，眼泪无声滑落，被坐在前排的琳看到，临下自习她递给我一张精美的便签，上面写着鼓励、安慰我的话，让我感到来自一个孩子发自内心的体贴和善意。

其实琳的身体很不好，高二时一直生病，班主任和我说琳的父母都不在家，而且也疏于监护，家里就剩下奶奶。孩子生病，有生理也有心理的原因，但琳是一个聪明、组织力很强、颇有才华且很坚强的女孩，曾经组织传统文化诵读活动，一出场就获得喝彩，荣获一等奖。她很享受主持活动，但是她身体太虚弱，我经常看见她趴在桌上，很累的样子，我都害怕她高三坚持不下来。

这样一个经济上、精神上都无所依恃的姑娘，要在高中的高强度比拼中胜出，还要受那么多病痛的折磨，她的青春，经历了怎样的挣扎和煎熬。她还有能力安抚她的老师，真让我感佩不已。

2022年的元旦，705班的学生送来了邀请函，说是他们高中最后一场晚会，叮嘱我们任课老师一定要去参加，并说要给我们一个惊喜。正如班主任小冯所言，不知孩子们什么时候做的准备，因为高三每天都有海量作业。没想到，他们居然很用心地做了课件，给每位任课老师都精心准备了颁奖词，根据老师风格定制了奖杯，还有每个学生签名的荣誉证书以及漂亮浪漫的花束。后来才得知，他们是在琳的策划下，齐心协力出主意，网购礼品。他们临毕业的这场精心准备的晚会让我们感叹不已。他们还准备合唱一首歌，但是怕被班主任发现，就把教室里的摄像头遮住，每天晚自习课结束以后偷偷练习。

那天晚上，我们每位任课老师都像奥斯卡影帝影后一样上台领奖，荣耀至极。

领完奖，孩子们关了灯，屏幕上播放《You raise me up》，他们聚在一起，打开手机电筒，星光闪烁，歌声深婉动人。

You raise me up so I can stand on mountains .

你激励了我故我能立足于群山之巅。

You raise me up to walk on stormy seas.

你鼓舞了我故我能行进于暴风雨的洋面。

I am strong when I am on your shoulders.

在你坚实的臂膀上，我变得坚韧强壮。

You raise me up to more than I can be.

你的鼓励使我超越了自我。

唱完歌，主持人琳给每位学生一个自由表达的机会。大家纷纷上台，有些学生幽默灵动，有些学生磕磕巴巴，看着这些看似活泼实则稚气未脱的孩子们，<u>就像看着当初自己的孩子蹒跚学步一样惊喜满怀</u>。很多孩子提到感谢我，让我深感荣耀的同时，也感到惭愧。就像霄情说她好多次看到我，但是没勇气问候我，就悄悄绕道而走；碧洁说由于胆怯，她一上台就蒙了，所以回答问题总是难以让我满意；还有我对腾飞的疾言厉色的指责，让孩子不敢亲近我，刚才给我递上满满一杯橘汁就立马隐身，这些都让我反思自己日常言行的瑕疵。

琳最后说："<u>我觉得任何人的肯定，可能都要比老师们自己栽下的桃李的肯定要略逊一筹</u>。"

真是难为孩子们了，他们在百忙之中还在想着给辛苦的老师们一个惊喜、一份肯定、一个完美的收获。<u>我们经常说要认可、肯定、悦纳孩子；他们已然学会了如何反哺我们</u>。

琳笑在了最后，她在高考中脱颖而出，考上了心仪的学校。她配得上更好的平台和人生。

和琳微信聊天，我感慨：高中或者高考应该成为一种奇特的经历、一份财富，而不是背负太多的包袱。

琳乐呵呵回复：回头再看，当时的苦难也都成了茶余饭后的谈资啦。

那年冬天的一个晚上，正在备课，微信铃音响，打开是学生珂儿发来一张照片，附言：老师，最近天气寒冷，您要多穿点衣服啊！

很感谢她的用心，我赶紧回复：这照片你拍得好明媚，问候如春，悉数收到！

她回复：老师，我知道您今年可能经历了一些事情，我觉得我是可以理解您的——我妈妈今年去世了，是因为肺癌；虽然总说，没有真正的感同身受，但我还是希望老师可以和我这张照片一样，"明媚如春"。

猝不及防的问候和坦言，让我一瞬间泪眼婆娑，不知怎么安慰孩子，只能隔屏抱抱她，也许这就是生活，有阳光、有鲜花、有希望，也有不期而至的冰雪。

不论是琳，还是珂，抑或是705班的那么多学生，他们的热忱、用心、坚忍和激励都是我源源不断的动力。

● 编 者 按

这些日常见面不敢问候，一上台回答问题就发蒙的可爱的学生们，在高三临毕业的重要时刻，秘密准备了温馨的元旦晚会，精心策划了惊喜、感谢和褒奖，**每个细节都体现了学生对我们的爱**，这种爱，是深沉的、浓厚的、温暖的。

如故事中所言："任何人的肯定，都比不上老师们自己栽下的桃李的肯定。"学生们的热忱、鼓励、反哺，潜移默化中在改变着我们，也是我们继续前行的最大动力。

物理课堂之"斑羚飞渡"

河南省平顶山市实验高中　物理教师　张永峰

"一群斑羚被猎人追杀而被逼至悬崖，在生死关头，一只只老羚羊腾空而起，以自身为跳板，助力年轻的斑羚平安地飞渡到对面的山峰。每一只年轻斑羚的成功飞渡，就意味着有一只老羚羊摔得粉身碎骨。""斑羚飞渡"是小说家沈石溪笔下的一则感人故事，这个看似和物理课不沾边的故事却猝不及防地出

久久回响
那些有温度的课堂故事

现在我的物理课堂上。

那是我精心准备的优质课比赛现场，突然出现的"斑羚飞渡"，差一点让我变成了坠入深渊的老羚羊。

事情发生在 10 多年前，我参加一场重要的优质课大赛，赛课题目为"动量守恒定律"。赛前我认真钻研教材，精心设计教案，反复地推敲每一个细节，抽丝剥茧地分析教材，并深入挖掘其内在含义，确保做到对教材的深入理解和高度把握。预设每一个教学环节，反复试讲多遍，甚至于每一个字都经过严格的琢磨修改，每一句话都如刻在心中。终于，各方面我都比较满意了，万事俱备，只欠东风。心想，真正比赛的时候，我只需要按照预设的轨道前行就行。

比赛的现场设在另一所学校，我要面对全新的环境，全新的学生和老师，以及在前方坐着的拿着纸笔的评委，虽然有些许紧张，不过因为准备得充分，我倒也胸有成竹。比赛时，一切都照着我的预想进行，我带着学生一起把动量守恒定律的内容总结出来，随之列举了几个事先设计好的例子进行练习，一切都那么地水到渠成。正当我在为自己的游刃有余而暗自高兴，默默感谢之前努力备课的自己时，意外发生了。

一个同学突然举手发问："老师，请问一下，您知道斑羚飞渡这个故事吗？"

"斑羚飞渡？"我一愣，说，"啊？知道。"

然后他说："老师，在小羚羊踏着老羚羊的背跳跃的过程中，它们的动量守恒吗？"

说实话，这个远远超出了课程设计预定范围的问题，突然间就让我蒙住了。这种"蒙"，不是因为这个问题有多难，而是因为一切正在既定的轨道上进行时，突然被打乱了。就像开车一样，当你在已经走过太多遍而非常熟悉的道路上悠哉游哉地开着车时，前方突然蹿出一只小动物。这在平时是一件非常小的事情，但是就在那一瞬间，你会感到自己的大脑突然一片空白，乃至于脑子还没反应过来，身体先一步做出应急反应。

170

好在我临危不乱，大脑急速飞转：我不能直接回答这个问题，台下坐着那么多评委与老师，一双双眼睛、一只只耳朵时时刻刻在注视和聆听着我在课堂上的每一个举动、每一句话语。我不能让自己的回答出现哪怕一丝的瑕疵，我灵机一动，说道："这位同学给我们提出了一个非常好的例子。同学们，我们来思考一下，我们刚刚讲了动量守恒的条件，那么针对这对羚羊所组成的系统，在跳山崖的过程中动量是否守恒呢？大家思考一下，再发表自己的见解。"同学们立刻兴奋地思考、分析起来，课堂气氛突然间十分活跃，学生们对这个突发问题的探讨交流为这堂课平添了不少色彩。学生们热烈讨论时，我偷偷瞄了一眼后排的评委与老师们，他们有些交头接耳，有些低头记录，脸上都浮现出满意的神情，我的心里也大大松了一口气。之后几位学生分享了自己的见解，我再加以总结完善。这次的小插曲不仅没有影响教学，反而激发了学生主动探究的欲望，升华了课堂教学。课后点评环节，针对这个几十秒钟的小插曲，评委也给出了较高评价。

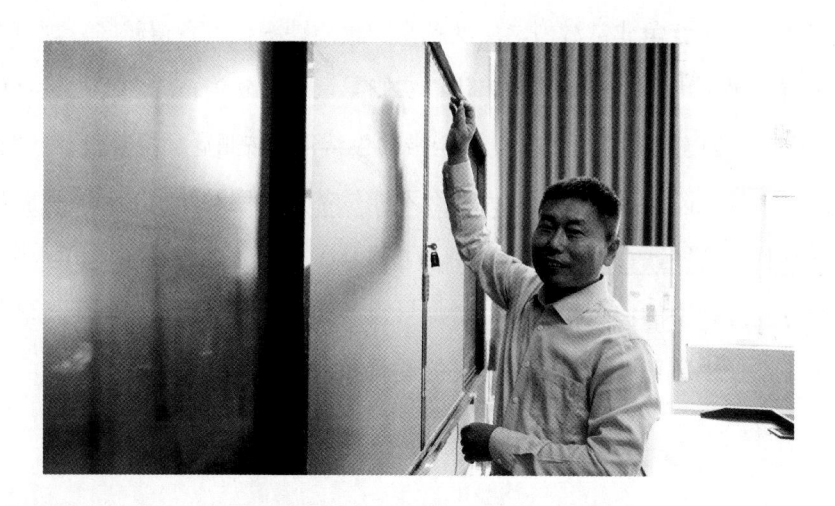

本节课的教学让我重新思考一个问题：何为一节好课？其核心是老师如何教，还是学生如何学？其实新课改的基本理念已经给出了答案：我们的教学一定要关注学生发展、重视以学定教，以学生发展为本。教学中不仅要接受学生

久久回响
那些有温度的课堂故事

提出问题，更应该主动创造机会让学生提出问题，真正做到生本课堂，让教学升华。

生本课堂很自然地更容易出现"突发事件"。不管出现什么样的情况，都要把心态放平，试想：<u>学生能提出意料之外的问题，说明其不仅思维活跃，而且思考的角度非常新颖，同时也充满勇气</u>，是一种求真求实的精神状态。如果这个问题对课堂教学有帮助，可以巧借问题升华课堂教学。如果偏离课堂教学内容，同样也要肯定学生的思维，但要指出提问题的方向。教师沉着冷静，因势利导，将课堂内容与之融合，生成新的教学资源，使教学活动走向深处，让教学因"意外"而精彩。

其实每次"突发事件"，都是重要的教育契机，我们应珍视每一次"突发事件"，通过正确的引导，让每一次"事件"都变成提升自己能力的机会。为了更好地激发学生思维，应坚持以人为本，注重课堂的生成，让"突发状况"和"意外问题"变成"意外的惊喜"。

优质课评比竞争非常激烈，层次越高的优质课提前准备得越多，规范得就越细，就像坐过山车，看似跌宕起伏，实则早已预设轨道，一切都在设计中运行。优质课中的学生就像乘客，在安全带的束缚下，按照老师提前设计的路线，规范地、有惊无险地走到终点。<u>为什么不能是条条大道通罗马呢？好课就像寻宝，老师提供地图，让学生自主去找</u>，老师只需在一旁点拨引导，和学生一起去体验寻宝过程中的惊险和刺激，老师只需要提供一个助力，使学生在老师的助力之下，像小斑羚一样去实现更高的理想和未来。

● 编 者 按

> 爱因斯坦说过："提出一个问题往往比解决一个问题更重要。"新课标特别强调学生综合运用知识解决实际问题的能力。**学生求真求实地提出新颖的问题，会激发所有学生主动探究的欲望。**升华课堂教学，主动创造机会让学生质疑问难，

才是真正的生本课堂。

公开课的作用，毋庸置疑，通过对教学的深入研究，提供教学示范与经验分享，主讲人与参与者都受益匪浅。公开课究竟应该怎么上，遵循"预设轨道"还是灵活应对生成式的"跌宕起伏"？冷处理"突发事件"还是机智应对收获"意外惊喜"？永峰老师对公开课的思考，值得我们深入探讨。

师生成长的催化剂

广西壮族自治区桂林市国龙外国语学校　化学教师　杨建新

刚毕业时，我在乡下教书，孩子们的理科素养有欠缺，实验探究能力存在不足，所以经常是老师讲什么，孩子们就听什么、记什么，很少有在课堂上主动提出质疑。后来，我来到城里，执教的是竞赛班，孩子们的灵性与灵感超出我的想象，经常会出现意想不到的提问，给我造成了很大的压力，同时也给了我前进的动力。"给学生一滴水，教师要有一桶水。"俗话说严师出高徒，但是我想说，优秀学生造就好老师甚至名师。

让我回顾那个激动人心的瞬间！

酯化反应是高中化学非常重要的反应类型，也是高考必考题，其中难点之一是饱和碳酸钠溶液的作用，教材与资料这样表述：吸收部分乙醇、反应（中和）乙酸、降低酯的溶解度。由于还没有学到相似相溶的原理，所以孩子们就不太理解为什么会降低酯的溶解度。

那是在 2023 年 6 月，当我讲到饱和碳酸钠溶液的作用时，小刘同学突然提问："是怎样降低酯的溶解度，老师，您给我们做个实验证明看看？"其他同学也用期盼与渴望的眼神齐刷刷地看着我。我曾经也思考过这个问题，但从来没有用实验证明过。面对孩子们的"挑衅"，大脑快速地运转着，突然之间，电光闪过，灵光乍现，就像被催化剂催化一样，大脑里忽然冲出一个想法，通过与水的对比实验，观察酯在两种情况中的相对高度，就很容易判断出混合液在饱和碳酸钠溶液中的溶解度较低，这样不就可以解决困扰我20年的困惑了吗？

突然觉得自己太伟大了，都有点崇拜自己了。这个情景也太美妙了，太厉害了！充满自信的我，面带微笑地对孩子们说："你们想不想见证一个奇迹的时刻！"孩子们异口同声地说："想！"立刻激发了孩子们的热情，引导学生做对比试验，左边的试管里放水，右边的试管里放饱和碳酸钠溶液，在相同的时间内、相同条件下，盛有饱和碳酸钠溶液试管里的酯的高度明显高于盛水试管里酯的高度。这个现象出现时，同学们情不自禁地鼓掌欢呼，然后我让孩子们解释为什么是这样。教室一下子就安静下来，然后我在黑板上写道：有机物与有机物一般是互相溶解的，多数有机物与水互不相溶。

大约过了10秒钟，小刘同学举手示意，他这样解释：生成的乙酸乙酯混有挥发的乙酸与乙醇，它们都是有机物，如果用水做"分离剂"，乙酸与乙醇都易溶于水，所以绝大部分酯也溶解到了"水里"，如果用饱和碳酸钠溶液做"分离剂"，饱和碳酸钠溶液与乙酸反应生成了盐-乙酸钠，乙酸钠易溶于水，难溶于有机物，一部分醇也溶于饱和碳酸钠溶液，只有少量的醇没有除掉，因此只有少量的酯溶解在"水中"，所以盛有饱和碳酸钠溶液试管里的酯的高度明显高于盛水试管里酯的高度。

听到刘同学的解释，我感到震惊的同时油然而生一股欢喜之情，表扬鼓励的话还来不及出口，一阵热烈的掌声响彻整个教室。看着一张张洋溢着欢喜的面容，我内心充满了自豪与骄傲，此刻我就是最佳的引领者，最好的观赏者，最大的受益者！我对小刘同学竖起了大拇指，并对同学们说："大家太厉害了！个个都很厉害的，这也是我从教 20 年来最幸福的时刻。"同学们再次响起一阵阵热烈的掌声，感觉整个校园都充满了催化剂的气息。

虽然已经过去了大半年，但每每回想起这堂课，就像发生在昨天一样，依然心情澎湃，难以忘怀。我心中也特别感谢这些精灵鬼，是他们的质疑、碰撞，激发出了这么奇妙的实验。还是那句话，教学相长，优秀学生造就优秀老师！课堂上的小插曲、小变故、小挑衅，也会激发出奇妙的灵感。接纳课堂中的变化，接纳学生的挑战，不断调整自己的教学，给学生空间，让学生们发挥，也会收到奇效。这些瞬间将成为师生成长的催化剂。

这节课结束后做教学反思，发现如果当时鼓励、引导学生们自己思考这个实验，之后学生自己解释，学生们应该能更透彻地理解饱和碳酸钠溶液的作用。下一届吧，下一届必须这么设计！

● 编 者 按

字里行间可以感受到，这是建新老师"非常有收获、非常值得回味"的一节课。这节课用对比实验解决化学问题，学生亲身体验实验过程，见证科学的奇妙，激发学生的科学研究热情，启发学生的科学思维。

优秀学生造就优秀老师，课堂上的小插曲可以成为宝贵的教学资源。教师保持开放的心态，勇于接受挑战和反馈，通过巧妙引导，将出现的问题和讨论转化为有意义的师生成长经历。积极面对课堂的生成性，才是真正的"为学而教"，才能真正实现"教学相长"。

100 欧元的故事

奥地利维也纳中文学校　中文教师　宁圃晨

我们班里有不到 30 个学生，大部分 8 岁到 10 岁。小 A 是课堂表现不错的孩子之一，上课回答问题比较出色，但是他的缺点也很明显，作业只写一点点，而且字迹潦草，非常不认真，听不进意见。每次下课，发学生的作业，我都会让作业有问题的学生来讲桌前交流一下。尽管我本着"公开表扬私下批评"的原则，尽可能小声地指出问题提出要求，但是偶尔也会声音有点大，有两次，我感觉到小 A 带着情绪回到座位上。

为了鼓励孩子们，每当有孩子回答出比较难的问题，或者我感觉到孩子有明显的进步，都会把他的名字写在黑板上，快下课时，以糖果作为奖励发给孩子们。我在这所学校的工作每周两个小时，收入并不多，在我心里，<u>这是一份半公益性的工作，更大的魅力在于和孩子们在一起，看到他们灿烂的笑容，看到他们中文有进步，我就很享受</u>。常年自掏腰包买糖也让我有点小小的心疼，可我还是坚持这么做。孩子们很在乎这个奖励，很多得到糖的孩子不是第一时间把糖吃掉，而是收起来，拿回家，<u>告诉家里人</u>，今天他在中文学校受到了老师的表扬。但对于小 A，我很少奖励他，他虽然上课表现好，但从不认真完成作业，而我更偏爱踏实认真的孩子。

有一次上课，我说："如果哪位同学能够答对这个问题，我就奖励他一根棒棒糖！"棒棒糖一向是最受欢迎的。好多学生积极举手。有能力回答这个问题的小 A 嘟囔道："给我 100 欧元还差不多。"我听了，有些不开心，但当时没发作。

虽然可能是孩子随便说的一句话，但我真的有些生气了。心想，我没挣那么多钱好吗？糖都是我自己花钱买的，我还得给你100欧元？而且明显是对我这种鼓励方式的蔑视，尤其让我不爽，当时就默默决定以后再也不发糖了。

后面的两节课我就真的没再发糖。可是，有的孩子被我肯定后没有收到糖果，下课后在我的讲桌前磨磨唧唧——我明白，他在期待那颗糖。我问自己：真的不发糖吗？真的为了孩子的一句怪话就不做自己喜欢的事儿了吗？何必呢，不就两颗糖吗？算了，不能因为一个小A，让其他孩子也受牵连。爱我所爱，行我所行，听从我心，无问西东。我又买了好吃的棒棒糖，一节课都发出去了。甜蜜的课堂又回来了，教室的空气中似乎都有甜蜜的味道，我也心情舒畅。但是对小A，不似从前那样总是单独找他谈话了，除了上课的正常提问，我不再单独管他了。

突然有一天，校长找我，说："小A不想来中文学校了。"我觉得不可思议，那么享受中文课的孩子，他怎么可能不来呢？我很自信地说："不可能！"校长接着说，小A妈妈说的，她说孩子自己说的，不想来中文学校了。

静静地回顾这些天的课堂，我想到症结所在了，人与人之间，很多时候不需要语言，一个动作，一个眼神，都在传递信息。小A应该是觉察到了我的不开心，感受到了我对他的偏见。一天下课后，我把小A叫到面前，和颜悦色地肯定了他学习中文的优势，提出了不足，告诉他努力的方向，拍拍他的肩膀，让他加油！听了我的话，小A眼镜后面的那双眼睛放着光，狠狠地点了点头。当天不仅报了下学期的中文课，还报了我们学校的英文课，学习热情高涨。

回想这个故事，这么天真的孩子，我怎么能和他计较呢？母亲总能原谅自己的孩子，老师也同样如此，如师如母亦教亦哺。当然我也在反思，是不是我的激励方式也有问题。物质激励之外，更多想想精神激励？多种激励方式结合一下？

这件事让我也成长了，任何一个孩子都需要被鼓励，任何一个孩子都是有个性的，"因材施教"是个永恒的话题，如何做到，需要我们不断探索。

编者按

如何有效激励学生，是个重要且有意义的话题，"棒棒糖"的甜蜜，**"一个动作，一个眼神"的欣赏**，多元激励的变化，圃晨老师做了些探索。具体的策略，因人而异，因时而异，肯定学生的努力与成长，学生被看见、被尊重、是激励的核心。

教师也是人，也是鲜活的人，也有情绪，也会"觉得很受伤"，尤其是"对鼓励方式的蔑视"。如何面对学生们的"怪话"，如何面对学生的"挑衅"，不仅是教育者职业素养的展现，**更彰显了教育者的人文关怀与胸怀**。爱出者爱返，福往者福来，唯有爱与智慧，让我们坚定前行。

共舞创客之路

浙江省诸暨市浣东街道城新小学　信息科技教师　俞碧文

2015年，有幸与创客结缘，我踏入了充满奇思妙想的创客世界，与一群热情洋溢、充满创意的孩子们一同探索、合作、创新。我们的每一次互动都是一场头脑风暴，无数奇思妙想在思维的碰撞中迸发。孩子们天生就是小小的发现者，他们善于从生活中捕捉那些常人忽略的金点子，逐渐在创作的过程中锻炼出解决问题的创造性思维。

闵是个性格比较内向的男孩子，戴着一副黑框眼镜，是我们创客班的学员之一。创客比赛马上就要开始了，突然有一天他跑到办公室，兴奋地说："俞老师，我爸爸很喜欢钓鱼，就是不太能钓到，能不能设计一个作品帮助爸爸钓鱼呀？"听了他的想法，我的内心其实是不太认可的，自然回答也显得有一些敷衍："那么你去找一些关于钓鱼的资料，看看行不行吧。"我还想着自己思考一个作品主题后告诉他，没想到孩子已经开始奋斗了，他上网查找相关资料，最后总结发现大气压强和温度对钓鱼的影响。"气压骤升鱼儿活跃，气压骤降鱼儿不动。"闵同学的想法让我也眼前一亮。在接下来的一周里，他全身心地投入到作品的制作中。每天，他都在不断地调试、改进。在设计气象站外形的时候，我们的意见显然是不同的，他选择雪糕棒搭建，因为这样他更能独立完成这个作品，而我希望用 3D 打印机完成模型，因为那时候 3D 打印是个热潮，还能让作品更精致。经过多次商量，我最后还是决定顺从他那听起来语气坚定的建议。在这个过程中，我尝试着多听孩子的想法，引导孩子去发现问题、理解抽象建模，直至一个功能齐全的小小气象站诞生。

作品看似并不那么精致，但是纯手工打造，这个作品可以通过传感器获取当前大气压强、温度、湿度信息，记录一天里大气压强的数值与变化，以此判断当日是否适合钓鱼。顶部有一盏由 16 个小灯珠构成的绚丽彩灯，当温度低于 30 摄氏度的时候会发出循环变化的灯光，能让钓鱼者在光线较差的情况下更加

清晰地接收到提示。最后这个作品获得了浙江省中小学创客专项比赛一等奖。闵同学还参加了全国创客比赛，获得了二等奖的成绩。在创客班里，闵同学的作品无疑成了一颗璀璨的明珠，一下子激发了其他同学们的创作热情。

也恰是这次辅导，我才真正意识到自己曾在指导学生时的"强势"。还记得刚接触创客的时候，总是不太放心孩子们自己设计的作品，有时候会加入太多自己的想法，但是学生真的学得快乐、学得投入吗？我们应该学会的是放手，充分尊重孩子的想法，一起面对，共同解决孩子们关心的问题。自从那次比赛后，每学期的开学第一堂课，创客社团会非常热闹，因为这里总是会有一场激烈的头脑风暴，从而确定这学期作品的系列主题。孩子们做作品时，我也从以前那个全包型"保姆"转换成放手型"导师"，甚至为了给孩子们建设一个布局更加合理的实验室，我化身为实验室设计师，为孩子们量身定制了一个虚实结合、可动可静、灵活不拘的小飞鱼创客中心。实验室的设计案例还在2020年浙江省中小学新型教学空间建设案例遴选中入选为十大典型案例。

正是这次辅导之后，我学会了倾听，收集孩子们真实的想法；我学会了等待，给孩子们足够的制作时间。我们开始设计一个又一个作品。"智能书童""转角防撞器""无线双控温度计""垃圾巧分类"等，都源于学生们的主题创作，并在多个创客比赛中获得佳绩。自己仿佛也开始不急不躁，努力做一个懂孩子的老师。我们需要学会慢一点，再慢一点，换个角度，站在孩子的后面，让孩子领着你走一段路程。这样，你定会看到不一样的风景。

● 编 者 按

面对学生时，教师天然处于"强势"地位，在我们的强势要求与指导下，学生真的学得快乐、学得投入吗？我们提出的是他们关心的问题吗？如何做到尊重孩子，尊重孩子的想法？是否让孩子领着我们走一段路程？碧文老师提出了一些值得我们深思的问题。

苏霍姆林斯基特别强调，教育者应该积极发现每个学生的禀赋、兴趣、爱好和特长，为他们的表现和发展提供充分的条件和正确的引导。每个孩子都是独特的，教师应创造出不同的教育空间，<u>让每个孩子捕捉到的"金点子"长出与自身特质相契合的独特果实。</u>

逆向思维成就"开挂"人生

河北省廊坊市第三中学　数学教师　陈政宇

充分相信我们的学生，他们所蕴含的潜力和创造力是巨大的，远超出我们的想象。记得那还是在我刚刚工作的第二年……

"同学们，这节课之前我们已经完成了有关全等三角形的五个判定定理，今天是时候检验我们的学习成果啦，先看第一题，请最快写出证明过程的小组举手示意。"

……

"'煎蛋组'第一个举手，请你们展示一下。"

"煎蛋组"以边角边（SAS）判定定理，轻轻松松地完成了第一题。

"非常好！大家看第二题，请写出证明过程的小组举手示意。"

"又是'煎蛋组'！请你们继续展示吧。"

"老师，我们组想到是这样的，两边平行同位角相等……边角边（SAS）判断定理，这样就能证明全等了。"

"非常好，'煎蛋组'的同学思路非常清晰，讲解也很细致，必须表扬！"全班同学报以热烈的掌声，"下面我们来看第三题……"话音刚落，"煎蛋组"

181

又举手了。

"我的天呀,今天'煎蛋组'这么牛呀!"

"是呀,他们组为什么反应这么快呀?"

"他们今天开挂了吧?"

"我觉得也是,老师,他们组开挂了吧?"

……

同学们都惊讶于"煎蛋组"同学的表现,议论的声音不断传来。

我笑着听完"煎蛋组"李小小同学的讲解,追问道:"小小同学,今天你们组的答题效率好高呀,同学们都说你们组'开挂'了,是真的吗?"

李小小听完我的问题又看了看同组的同学,笑着说:"老师,我们组真的'开挂'了。"

"是吗?那能把你们组的'外挂'分享给咱们班的同学吗?"

"当然没问题。我们组的外挂就是'逆向思维',拿第三题举例子,我们组看到题后,没有着急找条件,而是先确定要证明的全等三角形是哪个,也就是目标是什么,再去寻找条件,我们先找直接条件,找出一对等边、一对等角,之后在边角边、角边角、角角边中选择所需的判定方法。发现还有等边的条件没有用上,所以非常快地选择了'边角边',也就明确了去找最后一条临边,这样就充分利用直接条件而确定判定方法,最后根据判定方法挖掘所缺的条件,思路一下就有了。"

小小继续补充:"这个方法还是我们在学习线段和角度的计算时总结出来的,当时我们也在图形观察上有困难,是我们组的贾琳提出从结论出发,搞清题目要求,再围绕目标来挖掘条件,这样很快就找到了解决办法。我们组通过不断尝试,发现逆向思维确实很有效,大大提高了解题速度!"小小脸上露出颇为得意的笑容。

听完小小同学的分享,大家醍醐灌顶,连连点赞。我也忍不住感叹:孩子们解决问题的能力让我刮目相看，通过特别缜密的思维与不懈的尝试，他们真的摸索出了一条不同的解题之路。

其他组的同学先是若有所思地安静下来，然后小声地在小组里互相讨论起来，开始动手做题验证起来。

不一会儿就有其他组的同学发出惊叹："这种思考方法确实很快就能解决问题呀！"

大部分同学纷纷举手，想展示自己的研究成果。

见同学们如此积极，乐于分享自己的新发现，我邀请了平时不太敢主动表达的"江边彼岸组"。

"对于第一题，由于题目需要证明三角形全等，我们在题目条件中找到一对等边的直接条件，又从图象中发现一对公共边，此时已经有两对边相等，所以我们认为全等的判定应该在边边边（SSS）或边角边（SAS）中选择，再结合题目里互相垂直这个很明显的角度相等条件，所以我们选择边角边（SAS），解决这个问题。"

"江边彼岸组"代表宣瑞的回答得到了全班同学的认可，同样，"煎蛋组"的"逆向思维"解题法更是得到了同学们的一致好评！

<u>同学们脸上洋溢着的成就感，当时自己内心的感慨，在 17 年后的今天依旧历历在目，记忆犹新。</u>这节课让我深刻体会到学生自主探索的重要性，充分信任、尊重学生，给学生提供足够的空间和机会，他们必定会还我们一场精彩绝伦的演出。

过去的 17 年里，内心深处我常常在默默感谢这些学生，他们在我初涉教坛之际，便出现在我面前，启发了年轻而懵懂的我，让我感悟到"大胆放手""充分信任"的巨大价值，而这些教育观对我一生都产生了深远的影响。

● 编 者 按

　　学生们自己总结的"围绕目标挖掘条件"的逆向思维,无疑是一种有效解决问题的思维方式。学习知识是基础,**但更为重要的是培养学生的思维能力**,使其具备未来发展所需的发现问题、分析问题、解决问题的能力。

　　在教育过程中,父母和教师都面临一项挑战,就是相信自己的孩子和学生。有一种观点认为,"人不需要被教育,只需要被提醒"。对孩子而言,教育更多意味着支持和引导。充分信任孩子并成为他们可信赖的朋友,在关键时刻为他们提个醒、引个路、提供帮助。当孩子也感受到这种信任,并信任我们时,教育才能充分发挥其内在价值——**激励孩子相信自己有能力变得更好**,这样的教育充满了魅力!

捌 影响深远
触动观念转变的课堂

本章的教学瞬间,影响了老师们一生。

"你教的都没有考"的沉重打击;"一节小小的粉笔头"让老师后背发凉;语文老师不囿于考试的"执拗"使地理老师一生酷爱写作;"我们想要的究竟是我们想听到的,还是学生想说的?"……

课堂是老师们绽放的舞台,是职业成就感的重要来源。这个舞台成长了学生,成就了老师,为祖国培养了栋梁。如何能做得更好,都在于日常的教学细节,需要我们日夜求索与深思。

故事视频

广西壮族自治区桂林市国龙外国语学校　杨建新老师

既然豆腐心,何必刀子嘴?

四川省绵阳东辰聚星学校　数学教师　杜虹利

常看到网上有这样的文章:请珍惜您身边那些刀子嘴豆腐心的老师。这类文类引起了广泛的共鸣,因为这样的老师不胜枚举,他们可能言辞尖锐,但背后却是深沉的爱;他们可能外表严厉,但内心柔软;这样用心良苦的老师,是在真正帮助学生成长。

曾经,在家长和学生的肯定与赞美中,我满怀骄傲,自认为是这其中一员。然而,一次课堂的真实经历,让我开始反思自己的教师观,甚至质疑自己的教育艺术和教学智慧。

故事要从一个叫子乐的孩子说起。子乐是一个不能再普通的名字了,但子乐同学从新生军训就显得那么特别,一双深邃的眼睛,戴着眼镜,皮肤白皙,身体消瘦,难掩书生气质。所有同学都参加军训项目,唯有他,一手抱着新课本,另一手拿着一个看起来像无线电风扇的东西,跟随班级的队伍在旁边自习。后来才知道他拿的并不是电风扇,而是一个我从来没有见过的深度放大镜。

从班主任那里了解到,这个孩子很特别,他是龙凤双胞胎中的男孩,妹妹也在同一个班级。他从生下来就有视力缺陷,在一次交流中,他告诉我,每年都要定期去做手术,不是为了恢复视力,而是预防视力再次下降。子乐故作轻松的表情让我很是心疼。开学之初,子乐适应很快,视力困难丝毫不影响他的学习热情,看不清黑板就听,记下来的笔记不比其他孩子差,数学成绩名列前茅,我对这孩子的欣赏溢于言表,连班上的同学都感受到了我对子乐的偏爱。

为了不让其他学生误解我偏心,更不想子乐误认为我的偏爱只是怜悯,我曾在适当的时机打趣道:"遇见勤奋努力的孩子是老师的福气,所以任何老师都会偏爱勤奋努力的孩子,就像子乐,老师对他的偏爱是因为他值得。"

事情发生在一堂试卷讲评课上,题目不难,但班级整体答题情况不太好。不知是上一次考得太好,我表扬过度,导致同学们有一些轻敌,还是在审题和计算方面确实存在一些问题需要纠正,总之,不少同学频频失误,看错算错的一大堆。为了提醒学生们不再犯这一类低级错误,我在课上统计那些简单题目出错的同学,虽然口头上说老师不想批评你们,只是想提醒你们不要经历相同的遗憾,这样很不值得,然而,内心却充满了失落,甚至有些恨铁不成钢。

连续两类基础运算都有不少人出错,我的情绪开始反复叠加,压不住心中的小火苗。当统计到一道我认为全班都不可能有人错的送分题时,想着终于可以平复一下,被治愈一些,子乐却悻悻举起了手,他显得那么地小心翼翼,然而我反复想压制的情绪就在那一刻到达了燃点,因为是他,我说话一向温柔,可当时的我忘却了自己是什么音量,理科思维上线,耳边回响的只有自己的声音:"你告诉我这是个智力问题,还是视力问题!"子乐尴尬一笑,言语中尴尬又自责:"老师,我没看见那个字母的指数。"我不依不饶:"这么大个指数你看不见吗?"孩子沉默了……说出这句话的一瞬间,深深的懊悔与强烈的自责猛然袭来,我突然觉得自己就是一头冷血麻木的野兽,根本不敢看子乐的眼睛,心不在焉地完成了余下的课堂任务。

我的话一定像尖刀一样刺在子乐的心上,无法想象戴着眼镜还需要放大镜的他找指数该有多困难,无法想象子乐委屈的心该有多难受,无法想象子乐的父母给孩子取这样的名字是有多低的祈愿,只要孩子快乐就好,遇见的人善良一些就好……一想到这些,我那颗自以为很爱惜他的心像被自己的箭刺中了一样……

下课后,我鼓起勇气走到子乐身边,他习惯性地侧身弯腰与我交流,我说话有些结巴:"子乐,对不起,老师刚才不是这个意思……"我想道歉,我只想道歉，但一开口，又像在为自己辩解。

"没关系老师，我知道您是为我好。"

望着孩子平静的脸庞、深邃的眼眶，我的眼睛红了……

然而，在随后几天发生的一件事情，更让我的心久久不能平静。那天，我刚走进办公室，就听见对面的一位同事向我抱怨：刚有一学生一进办公室就闷头闷脑地问我看见杜老师没有，"杜老师的办公桌就在你面前，她在不在，你看不见吗？你能不能先看再问？你长眼睛没有？"原来当天就有好几个学生都是以同样的方式来问过一直繁忙的这位同事，我没有接话，焦急地问："孩子呢？""那孩子没说话就走了。"我起身道："这孩子视力是有些困难，我去看看！"在同事惊讶的目光中冲出了办公室。

因为是课间操时间，我直奔操场，发现子乐像往常一样，在主席台旁边见习。我走到他身后，轻轻拍了拍他，然后拉到身边询问："你是不是刚刚来找过我？"他低着头应了一声。我说："老师知道你受委屈了。"他突然哭了出来，泪水不停地流，瘦弱的肩膀颤抖着。我轻轻拍着他的肩膀，内心五味杂陈。我不忍心安慰他，因为知道他有太多的委屈；我又希望他能理解老师，但他毕竟还是个孩子。于是，我选择默默地陪伴他，直到他的哭声逐渐减弱，情绪逐渐平复，我轻轻擦去他眼角的泪水，心疼地说："是老师不好……"接着收到了同事发来的信息，表达心中的歉意，我转达给子乐，希望能够多治愈他一些。

那天晚上，我辗转反侧，我担心这个孩子过于脆弱，未来的人生路上不知如何应对更多类似的困境。我又担心他过于懂事，懂事得那么无助，让人心疼……就这样在纠结与矛盾中度过了一夜。

直到现在，每每想起，我的心都在颤抖。作为老师，我们的一言一行都会对学生的成长产生深远的影响，一语天堂，一语地狱，良言一句三冬暖，恶语伤人六月寒，不知情不能成为借口，真正懂得关爱学生的老师，不会口不择言，拿一张"刀子嘴"去伤害学生，刀子嘴不只伤了学生，也伤了自己。身体的伤疤有愈合的时候，心灵的伤疤要怎么才能愈合呢？

既然豆腐心，何必刀子嘴？<u>好好说话，让爱缓缓流淌进学生的心田。</u>

对不起，子乐！

● 编 者 按

善言暖心，恶语伤人。老师对学生满腔的关爱，却在某些时刻因为怒其不争的殷殷期盼和急迫心情而让嘴变成了刀子。当知，**老师的言行举止都深刻影响着学生的成长，一个眼神可能会改变孩子的一生**。真正关爱学生的老师，应当谨慎选择言辞，这些无心之失，会给学生留下深深的伤痕，并反噬到教师自身。感谢虹利老师，事实上将这样的经历讲出来是需要勇气的。

教育之路漫漫，育人之心灼灼。以包容和理性的态度面对学生的问题，保持积极和正面的交流，关注他们的进步和成长，**给予充分的肯定和鼓励**。同时，**尊重学生的个性和需求**，用温暖和关怀引导学生，让每个生命绽放精彩。

大门口的课堂

山东省淄博市淄川区峨庄中心小学　道德与法治教师　房勇

2022年3月，疫情停课，全校师生在家上网课。

3月18日下午1点30分，我在家执教三年级（1）班道德与法治课，上课10分钟了，小海同学还没有进入课堂，我立刻联系家长，没有响应。下课了，小海同学仍然没有回应。我打电话问班主任，了解到小海一直未能参加网课学习。<u>电话不通，无法到家家访，小海同学彻底失联</u>。

思考再三我决定家访，我家住农村，有通行证，并且作为土生土长在老家的我，十里八村的乡亲认识很多，出村子开车上路应该问题不大。我首先联系了数学李老师，李老师精通计算机及网络，计划请李老师现场培训；接上李老师去学校带上平板电脑，以解决上网的工具问题；同时联系小海村党支部书记，协调联通公司预备解决网络问题，同时和村支部书记打好招呼，告知村口值班人员放行，并带我们去小海家。经过层层检查、打电话询问等，终于，在值班人员带领下，我们来到了小海家。小海家周围群山环抱，房子坐落在山脚下。

我的通行证　　　　　　　　　　准备出发（右为作者）

　　李老师敲门，咚咚咚，让我想到了上课预备铃声，狗叫声传来，大门开了一条缝。

　　一个，两个，三个小脑袋依次露出，我认出了其中一个。

　　"小海！"我大叫一声。小海一脸茫然、惊讶、激动、害怕……我大概明白他的心理活动。

　　"校长咋来我家了！"

　　"出来，来。"

　　大概是在家太久了，三个孩子有些兴奋地走出了大门，小脏脸上带着好奇与兴奋。

"我和李老师来给你俩上课,为什么网课一直没上?"

小海低下了头:"老师,我们家没网,也没有智能手机……"明白了我们来的目的,他眼里有了泪珠。

"没事,我和李老师给你带来了。"

这时,他母亲终于出来了,沧桑的脸上带着一丝丝羞愧。

"来,和孩子们一起学习一下怎么上网课。"我赶紧说。

于是,一节四个"学生"的线上课堂,就在这群山怀抱中的大门口开始了。

开热点,连设备,教操作。

20分钟的课堂中,李老师认真地上课,小海认真记录。四个学生认真听讲,而我关注的不是李老师的乡音土话教学,也不是孩子的聚精会神,而是母亲眼中交织的情感:羞愧、胆怯、感动、希望……

四个"学生"的课堂

一节面对面的线上课堂结束了,再三强调了注意事项后,我和李老师要返回了。由于不熟悉路,车无法掉头,我只能倒回去。小海母亲在前面小跑,引导着我开车出小巷。

好不容易到了大路上，忽然想到小海家无网络，赶紧招呼小海母亲上车，但她怎么也不肯上车，又一路奔跑返回，搜索邻居家 Wi-Fi，联系村党支部书记、沟通邻居、获悉密码，李老师带着孩子们反复操作如何连接邻居家网络。都学会后，小海母亲又一次跑着带领我们开出狭窄小巷。

回来的路上，我和李老师沉默了许久，小海母亲的目光在我内心深处一直激荡，却无言……

● 编 者 按

"母亲眼中交织的情感：羞愧、胆怯、感动、希望……"看到这句话和照片中母亲的目光，泪流不止……奔跑着带路的母亲，无声地表达着她的感谢……老师送来了平板，孩子眼里有了泪珠。无助的乡村母亲，茫然的乡村孩子，让人心痛。

数字化转型时代，如何让农村孩子能够获得公平的学习机会？如何发挥科技的力量，让农村孩子能够享受技术进步带来的机遇与便利？教育体系的优质均衡，如何覆盖到每一个乡村，每一个孩子？……这些问题都需要不断探索解决之法。

老师，我不忍心

浙江省诸暨市浣东街道城新小学　语文教师　罗敏萍

今日的作文课，我借用了全国特级教师王崧舟老师的作文课《亲情测试》的教学设计。每一届的五年级学生，我都会给他们上这一课。尽管这节课，被我上了很多次，但是从未觉得乏味，这是一场亲情的洗礼，也是人生的必修课。

作文课主要环节：写下你生命里最爱的五个人的名字，与同学尽情分享他们的故事，之后开始"亲情取舍"，逐步划去他们的名字，划去意味着失去。

上课伊始，孩子们握着笔，在白纸上欣然写下生命中最爱的五个人。<u>每写一个称呼，似乎在炫耀一份甜蜜的爱。</u>孩子们写的是爸爸、妈妈、爷爷、奶奶、哥哥、妹妹……

"罗老师，我写五个人不够，我还要写几个，他们都很爱我，我也很爱他们。"小语同学站起来说，她那忽闪忽闪的大眼睛望着我，清亮的声音里散发着糖果的甜味。

我顿了顿："不行呀，咱们都得遵守今天的游戏规则。我知道，你们都是被爱包围的孩子。"

"哦，哦！"不少孩子的语气里带着撒娇，但也不得不听我的指令。

随后，我让孩子们分享五个最爱的人，回忆与他们相处的幸福时光，美好的生活点滴。课堂上，孩子们跃跃欲试，个个争相分享亲情故事。有的说起妈妈带给她的生日惊喜，有的回忆生病时父亲的日夜陪伴，有的回味奶奶天天给他做好吃的饭菜，有的聊起外公经常给自己送最好的礼物……分享的点点滴滴，串成了甜甜的冰糖葫芦。正如一个同学说的，<u>幸福很多，幸福很满，如夜空中闪烁的星星，数也数不完。</u>

生命，是最珍贵的花。它对每个人都只有一次，如果没有了她或他，你会怎样？

我开始收敛了欢颜，平静地说："天有不测风云，你写下的最爱的五个人中，有一个人要离你而去，你会划去谁？请开始动笔。"<u>教室里瞬间空气凝固，每个孩子的脸上从艳阳高照转为阴云密布。</u>好多孩子在犹豫，但必须取舍，他们无奈地划去了那一个人。

划去他，意味着失去，意味着离开，意味着永别！谁又愿意失去呢！接着，

久久回响
那些有温度的课堂故事

在我的指令下，再划去第二人、第三人、第四人，最后只剩一个最爱的人。我每一次说："请再划去一个人！"指令如一把利箭戳进了每个孩子幼小的心灵。有的孩子从一开始的紧锁眉头到鼻子酸酸，眼眶泪水翻滚，到最后呜呜抽噎起来；也有的孩子紧握着拳头，心头如悬着铁一样沉重；还有的孩子索性就捶胸痛哭起来。

此刻的我，有些内疚，感觉自己像个刽子手，残忍地一步一步割断他们最珍贵的亲情。同时，自我安慰，这是游戏，这是骗局，我骗了他们的眼泪，孩子们只是一时间没从游戏里走出来，只是我有点坏。

"你最后一个剩下的是谁？"我问。

孩子们嘟囔着嘴，哭丧着脸，有的说只剩下妈妈了，有的说只剩下爸爸了……不管是谁，谁都不忍心。孩子们仿佛在生命里的寒冬中经受劫难。

"同学们，生命无常，请你划去唯一留下的那个人！"此时，我带着颤抖的声音，也随着孩子们的情绪情不自禁地流泪了。血浓于水的亲情，怎么能割舍？这下坏了，很多孩子哭成了泪人。这时，我发现吴宽宽一脸平静，他的这张白纸上还留着生命中最爱的五个人的名字。我还没来得及问，只见他低着头说："对不起，我没法进入您的课堂。老师，我不忍心！"我看了看他，他其实也早已眼圈发红。

"同学们，划去一个人意味着失去，是非常艰难的抉择。你也许进入了这个残酷的游戏，也有可能中途退出，都没有关系。现在请把你刚才体验的心理路程写下来吧！"我沉重地说。

每个孩子的表情都那么凝重，他们握着笔刷刷地在作文纸上倾泻自己的情感。有的女孩子哭得梨花带雨，边写边抹着眼泪；有的男孩子则眼眶红红的，默默地写着自己的文字，男儿有泪不轻弹，今天也忍不住了。我踱步在他们的座位旁，内心时不时泛起一层层情感的潮汐，冲撞着心灵的堤岸。孩子们写下了一页又一页的文字，诉说着亲情，连那几个平时写作文半天憋不出几个字的孩子，今天竟然也写了一两页。

截取一位同学写的文字和大家分享：

亲情是什么？它是最长久、最美好、最甜蜜的情感。它是滋润心田的甘露，是最朴实无华的篇章。

亲情测试游戏结束了，我的心久久不能平静。这堂课，让我明白这个世界上最珍贵的东西就是亲情。我们要珍惜所有爱我们的人和我们爱的人。因为，下辈子无论爱与不爱，都不会再见。

这堂作文课，虽然有点残酷，但，是一场唤醒！

● 编 者 按

"情到深处自然浓，爱到深处自然痛。"**情感是作文的灵魂**，只有真实地感受到要表达的情感，学生才能写出情真意切的作文。敏萍老师的作文课，以独特的视角，让孩子深切地感受生活，激发情感共鸣，触发孩子的写作状态，这无疑是最佳的写作时机、最真的表达状态。

老师，你教的都没有考

广西壮族自治区桂林市国龙外国语学校 化学教师 杨建新

2016年6月8日傍晚，高考结束的铃声响起，最后一科英语考试也画上了句号。一名叫淇的女孩子跑过来，非常难过地和我说："老师，你教的都没有考。"这个女孩子平时非常阳光，有什么话从不藏着掖着，有什么困惑都会主动和我探讨。那瞬间，我深感震惊，但随即调整了复杂的情绪，挤出一些微笑对她说："化学考试全是蒙的？"她点了点头，然后又摇了摇头，看着我疑惑的表情说："多数选择题与我们平时训练相差不大，做题时得心应手，但后面几个大题有几个小问与我们平时的训练完全不一样，有几个空从来没见过，完全凭直觉在写，个别空突然有灵感，感觉自己写得还行，但还有几个空完全找不到感觉，就胡乱蒙"。听了她的话，我如鲠在喉，觉得自己不是一个合格的化学老师，没有把学生教好，很有负罪感，久久不能释怀。

2016年高考我们广西第一次用全国三卷，备考只能借鉴全国一、二卷试题，难度及常考知识点与全国一、二卷又有所不同，给教学带来了前所未有的挑战，但我们集体认真备课，除了情境试题较少训练外，其他高考题型的练习较为熟练。

题目出来后，我急不可待地翻到那几道大题，几个空确实是情境创新题，根据所学的知识，运用迁移能力还是可以做出来的。但平时确实很少训练这类题，才导致淇说出这样的话。

这次考试给我们敲响了警钟，除了常规试题外，必须多研究国家教育政策及课程标准的变化。于是我召集组内老师，大家一起细致研究高考中出现情境

捌　影响深远　触动观念转变的课堂

创新题的缘由。国家迫切需要有创新和团队合作等综合能力的人才，而基于真实情境、问题导向、互动式、探究式的教学，对于培养学生创新意识、创新能力、解决问题能力具有重要意义。通过探究真实情境的问题，学生可以更深入地理解和应用所学知识，提升综合素质。这些素质不仅有助于学生个人的全面发展，更能有力地推动科技和社会进步，为国家的长远发展注入源源不断的活力。

为了面对新一轮高考，备课组专项组织集体教研活动。我们主要采取了两项措施：第一，分工按模块收集这一类试题，每月汇总，也号召学生们碰到这类试题要收集整理到好题本。然后通过练习、批改、讲评、反馈、优化等手段的组合来加强这类试题的练习。第二，根据学生的实际情况和教学内容，创设有趣味性、实用性和挑战性的情境，激发学生的兴趣和动力。

在讲授碳酸钠与碳酸氢钠的性质时，我没有直接讲它们的物理与化学性质，而是提前准备了两小包白色粉末，抛出一个问题：哪一包是碳酸钠粉末，哪一包是碳酸氢钠粉末，你们有哪些方法鉴别它们呢？学生们一听马上兴奋起来，摩拳擦掌地要动手，你一言我一语地发表意见。见到这个情况，我让他们分小组讨论，哪个小组的方案最多、最具有实验可行性、能解释清楚，就成为第一名，获得第一名的小组本周末可以到我家做客，享用我的拿手好菜"全州醋血鸭"。学生们马上沸腾了，开始热烈讨论起来，从被动接受到主动探索，学生的学习状态完全不同。

有一个小组从它们的物理及化学性质的差异性出发，以表格的形式，将实验方案、实验操作、可能的实验现象及原理一一罗列出来。其他组也百花齐放，有的从溶解性区别，有的从热稳定性区别，有的从溶于水吸放热的角度区别，还有的从碱性的强弱不同区别……学生们用提前准备好的实验器材与药品做实验，分别验证自己的方案，教室里一派繁忙的景象。我发现一个非常有趣的现象，从此以后有关碳酸钠与碳酸氢钠的试题学生们很少出错。

在分析问题、解决问题的过程中，采用鼓励学生独立思考与合作交流相结合的方式教学，可以启发学生的创新思维，<u>鼓励他们尝试不同的解决办法和策略</u>。在解决问题后，我们还需要引导学生进行总结和反思，总结解题的经验和教训，找出解题过程中的不足之处，并提出改进措施。这样不仅能加深学生对知识的理解，更能提升他们在不同情境中的应变能力。

经过一年的师生共同努力，学生们的化学成绩有了较大的突破。这些成功的举措届届相传，我们学校的化学成绩一直名列广西前列。如今，再也没有听到"老师，你教的都没有考"这样的话，不过淇的那句话一直深深印在我的脑海中，它提醒我要在日常教学中不断反思，关注最新的教育动向，关注学生的学习需求，帮助学生更好地面对未来。

● 编 者 按

"老师，你教的都没有考。"这句话对一个认真执教多年的老师而言，无疑是一个沉重的打击。然而，学生的一句话引发了建新老师深刻的思考与即刻的行动，细致研究课程标准，专项教研情境创新题目，带领团队采取了一系列有效措施，圆满解决这个问题。

情境创新题的学习，就像一次经验不太丰富的航海者们精心策划的海上探险，选择比较适宜的海域，解决某个具体问题，即创设适宜的情境与提出创新性问题，随即开始起航。航海者们要主动探索与持续实践，必然需要时刻关注航向与海洋情况，深入思考和综合分析，从而找出解决方案，再不断地反思、总结与调整，终将乘风破浪到达成功的彼岸。通过这种教学方法，**学生们的创新思维和解决问题的能力也将扬帆起航**。

师者之勇气

山西省永济中学　地理教师　吕芙萍

韩愈曾经给自己的门生李蟠写过一篇文章《师说》，用深刻有力和极为严谨的语言反驳了当时士大夫们耻于师道的现象。而柳宗元在《答韦中立论师道书》一文中评价韩愈"独韩愈奋不顾流俗，犯笑侮，收召后学，作《师说》，因抗颜而为师，世果群怪聚骂，指目牵引，而增与为言辞。愈以是得狂名，居长安，炊不暇熟，又挈挈而东，如是者数矣。"由此可以看出，唐朝的两大文人对于师道的重视是不言而喻的。柳宗元更是欣赏韩愈这样不顾世人的眼光，广招学徒，践行自己教育理念的勇气和行为。

他们的勇气让我想起教过我的两位语文老师。

记得我当初刚开始写作文就得到初中语文李老师的赏识，作文屡屡被选为范文在班上朗读，然后被抄写贴在教室后墙上，我感到倍儿有面子，每周五的作文课简直成了我的一次次文化盛宴。可是渐渐发现很不美妙。除了朗读我的文章，上课提问每堂课几乎都有我，同学们一听提问就哄堂大笑，我也甚是厌烦，便对他说："你以后少提问我！"态度很决绝，李老师很生气，但因为欣赏我的文章，他很快就原谅了年少气盛的我。

其实不论从长相还是才学，李老师在当时都算上乘，但因为没有参加高考，当时他教我们语文也是代教，不是正式编制，家境也相对清贫。他娶了一个有间歇性精神病的女人。因为教语文之故他看书颇多，也就有了文人的自视清高和孤傲，但命运就那样云谲波诡，让他工作没有着落，婚姻将就，所以他的性格就有点狷介。在村里，他自命清高，目下无尘，和别人没啥交往，别人也看不起他，觉得他生活都理不清谈什么高雅，无用！就好像《陆犯焉识》里面恩娘说焉识无用一样，鄙薄的意味有过之而无不及。

　　由于在单位没有编制，他的生活颇困窘，再加上性情孤高，同事对他也是怜恤多于敬重。自视甚高却屡遭嘲讽和拒绝的人生落差，以及孤独无依的命运让李老师性格有点偏执，以致形成如恶斗风车的唐·吉诃德般的对工作的疯癫和执拗，但这风格让一些老师和学生从心底对他有所抵触。

　　但无论当时他受到怎样不公的待遇以及学生的抵牾，李老师从不放弃责任，当时他家里分了好多地，妻子有病干不了，农活全落在他肩上，还要照顾两个孩子。他往往晚上浇地或干其他农活，早上挽着裤管踩着一脚泥就来上课，很辛苦，但是他从不无故缺一节课。

　　他很爱看书，用本来就很微薄的工资买了很多书，以至于被人认为书生意气，不务实。尽管学生视语文为橡皮课不大重视，但是他仍一上课就尽力拓宽我们的阅读和眼界，从不懈怠和气馁。我那时家里穷，买不起书，所以好多书是从他那儿借的，看到我这么一个有着不错潜力的文学爱好者，他非常高兴，很愿意借给我书。彼时我读的很多名著和经典，都是从他那儿借的。

　　后来上高中，碰上一位姓张的语文老师。张老师于历史系毕业，初登讲坛教我们语文和历史两门课居然得心应手，这源自他广博的知识和深厚的学养积累，但是他毕竟没有什么经验，一上手就是高三，他又是个性情中人，兴之所至，很喜欢给我们讲一些其他的东西，比如他朗诵很好听，经常给我们朗诵一些优美的散文或者优秀的小说，让我们觉得阅读是一种享受。但是很多同学对此颇有微词，觉得这和高考相去甚远，远不如讲几道高考题来得实惠，更有实效，觉得他此举是在浪费我们的时间。

　　很清楚地记得坐在我后面的一位女生，一遇到老师要朗诵或者题外话，就把书在桌子上拍得山响，嘴里嘟嘟囔囔："拜托，我们是要高考的，没有那些闲情逸致来欣赏这些所谓的名著，来点实际的！"言之凿凿，以示她的强烈不满。

捌　影响深远　触动观念转变的课堂

　　我倒是觉得很好，高三学习那么紧张，这样的调剂也让高三生活张弛有度，再说张老师声情并茂，倾情投入，真的让我们一下子领略到有些文章读出来才能体会到它的美妙。比如，我以前感受不到鲁迅文章的好处，感觉大段大段的议论很是乏味枯燥，心里很疑惑那样的文章怎么就选进语文课本！但是经张老师一读，文章的意蕴和美妙立刻呼之欲出，就像闫红文章中写的："王叔跟我说鲁迅的好，也是随口念出几个句子，我曾经有口无心地背下来的句子，被他念出了奇妙的质感，我再去看鲁迅的文字，果然如香菱学诗所形容的，仿佛舌尖上有个几千斤重的橄榄。"的确，好的阅读和引导就有这样的功效，瞬间让我觉得鲁迅文章的说理力敌千钧，精妙无比。

　　这两位语文老师是我初高中记忆中最深刻的老师，他们都具有非凡的勇气，不囿于考试范畴，而是教会我阅读，教会我文学欣赏，在我面前打开一扇广阔的天地。后来我无论如何都没有放弃涂涂抹抹的业余码字习惯，当自己的文章被新浪头条推荐，首先想到的就是他们这些教育路上的先锋和燃灯者。

　　有人问，成为一名老师最重要的是什么？多年的教学，让我意识到一名老师最重要的是有深厚的学养积累，这样才有可能在课堂上轻松驾驭、挥洒自如。想起当年我读初高中时的两位语文老师，他们虽然风格迥异，但都喜欢读书，他们的课堂也不能说多么完美，但都给了我很深的影响，让我爱上语文，喜欢阅读，让我的地理课有了别样的意味。

◉ 编　者　按

　　语文课上如何提升学生的阅读能力、审美能力和写作能力，让学生感受到"语文的魅力"？这些都是慢功夫，和快速提升成绩似乎是一对矛盾，但是优秀的语文老师一定是为学生计长远，而不是一时之得失。

　　教师对学生真正的影响是什么？李老师"用微薄的工资买了很多书"，张老师"让我们觉得阅读是一种享受"，对工作的执拗，不囿于考试，拓宽学生的眼

201

> 罘，二位令人尊重又心生怜惜的老师，他们的言传身教潜移默化地影响学生，真正是"榜样的力量"！

修　　坟

山东省淄博市淄川区峨庄中心小学　道德与法治教师　房勇

2023年4月6日，上午9点25分，录直播教室，三年级（一）班全体学生和30多名听课教师都已就座，本学期校本示范课正在顺利进行中。按照教学设计，已进入最后一个环节——拓展提升。看着教室里学生们踊跃发言的小脸，还有老师们满含赞赏的目光，我知道这节示范课即将达成预想的效果。我指向教室最南侧一排学生，笃定地进入了课程最后一个环节："请这一排同学按顺序发言，说一说你最想做的一件事是什么。"

"老师，我最想让爸妈给我买套化妆娃娃，这样我就能天天给她穿不同的衣服，戴不一样的蝴蝶结。"可爱的莉莉率先发言。

"噢，我们的莉莉同学想当个美丽的化妆师啊。"

"老师，我想周末去学习舞蹈。"

"哦，我们的梅同学要在六一给大家展示一下舞姿啊。"我及时地评价肯定每一位同学的发言……

"老师，我想给我奶奶修一个大大的坟……"一个坚定而充满渴望的声音突然响起，出人意料地让人震惊，以至于一时之间竟让我无法相信听到的话语，下意识地问了一句："为什么？"

伍小博注视着我，或许是因为未能听到我的鼓励，面对聚集于他脸庞的所有视线，他的声音一下低了下来，低着头说："前天，我和爷爷去给我奶奶上坟，爷爷说，坟太小，我奶奶躺在里面不舒服，让我好好学习，长大了，挣了钱，给奶奶修一座大大的、漂亮的坟……"

该如何点评他的发言？我竭力掩饰住内心的一丝慌张，尽量让自己的语气显得比较平稳。

"小博同学的孝心值得我们学习……"

下课铃及时响起，我草草收场，学生被班主任带回教室，整个听课现场瞬间陷入了短暂的宁静，我一时也忘了下一步要做什么，幸好教务主任及时出现挽救了局面，"请老师们休息一下，20分钟后集中点评。"

回到办公室，望着杯中茶水，我长长地出了一口气。伍小博的情况出现在脑海中：一家三代人同住，三代人，三个男人，奶奶病逝，母亲离婚后改嫁。爷爷视力不佳，身体有残疾，是村里的低保户，做一些保洁工作。父亲外出打工，小博与爷爷相依为命。这孩子平时上课不太爱说话，今天他的发言却给我带来无尽的思考和震撼，该如何评价和引导一个9岁的孩子来理解死亡这个沉重的话题呢？直到走入评课室，我仍然没有一个清晰的思路。

在集中教研点评的最后环节，我提出了这个困惑，该如何评议伍小博的发言。问题一抛出，引发了热烈讨论。

观点1：肯定，从孝心方面及时肯定与引导。

观点2：心理辅导，认识农村修坟的弊端。

观点3：否定，调整观念，积极鼓励学习，以改变生活。

观点4：关注，给予温暖，但不宜过早讨论死亡话题。

观点5：沟通，家长不要让孩子接触不利于健康的事物。

观点6：面对，不回避死亡的话题，对学生开展生命教育。

当时我的发言是："课堂上出现意想不到的问题，在我们教学中经常遇到，今天小博的发言确实出乎意料，我们平时都教育孩子们要有理想，我们想要的是我们想听到的，但并不一定是孩子们心里想说的。小博今天的发言，给我们

久久回响
那些有温度的课堂故事

的冲击是感觉这是个沉重的话题，因为事关生命和死亡，觉得孩子小，不应该过早接触到这个话题，但是我们应该认识到，知识、问题来源于生活，小博的这个问题就是一个写照。前天是清明节，我们要求学生了解我们的传统节日，小博去给奶奶上坟，引出了这个问题。我认为这是小博的心里话，<u>让孩子说出自己的心里话，是我们教育的目标，说出孩子内心的需求，是我们的追求</u>。从这一点上来说，这节课达到了目标。从评价反馈小博的发言来说，我显得匆忙和单薄，我应该及时抓住这个话题，<u>引导学生正确地认识生命，引导学生认识生命的意义</u>，生命的延续是人类社会前进的基础。我想在下节课，针对这个话题专门展开讨论，弥补这节课的遗憾。"

评课结束了，我在想，小博的这个问题之所以引起了老师们的关注，关键是我们教育者给自己设置了太多枷锁，<u>人为避开了我们认为的敏感话题</u>。面对今天的学生，重点关注的不是我们要教给他们什么，而是他们想学什么，不是我们想听什么，而是他们想说什么，更多的时候我们应该做个聆听者。但是怎么引导小博，认识这些对他来说相对较远且事关生命和死亡的问题呢，我陷入了矛盾和思考……

编者按

房勇老师提出的几个问题，振聋发聩，值得深思！

> 我们想要的是我们想听到的，还是学生想说的？
> 我们想教给学生的是什么？学生想学的是什么？
> 如何让学生说出心里话？说出他们真实的需求？
> 知识、问题来源于生活，如何面对真实的生活？
> 现实中的沉重话题、敏感话题，我们如何面对？
> 如何引导学生正确认识生命，理解生命的意义？

后怕的课堂

广东省阳春市第三中学　生物教师　罗潇红

一位教师朋友跟我分享了一节让他非常后怕的课，令我印象非常深刻，现跟大家一起分享（以下用第一人称表述这个故事）。

我教的学生是当地普通高中录取的最后一批高中生，学生中考分数通常只有总分的四五成，学生基础普遍较差，学习目标不明确，学习行为习惯也有欠缺，学习意志力不强，克服困难的决心和毅力不足。在这种情况下，老师上课是非常辛苦的，尤其是高三的课更难上。老师们都希望学生高考能考出好的成绩，但是不少学生在课堂上因为基础差，听不进去，于是打瞌睡、开小差的情况时有发生。

看到课堂上无精打采的学生们，往往非常焦虑。如果是早上第一节课，学生的精神状况就更糟糕。有一天，又是早上第一节课，刚开始上课不久，就看到好几个学生在打瞌睡，我提醒了好几次，但还是有一个学生总是提不起精神，我想着不行啊，这样子下去高考怎么可能考好呢！但是总叫他，课堂都被打断好几次了。我真是对这位学生有些咬牙切齿了，恨铁不成钢啊！

当看到这位学生再次垂下头又开始打瞌睡，我忍不住将一个粉笔头扔了出去，粉笔头刚好落在了学生课桌上，学生被惊醒了，一脸蒙。这时我也一个激灵，意识到了自己行为的鲁莽，赶紧走过去，假装镇定地询问学生为什么这么困，并轻轻地拍了拍他，希望能给他一些安抚。还好，学生似乎并没有意识到什么，没有表示出太多情绪。

课堂继续进行着。但是，我的心里非常忐忑，我不断地去观察学生的情绪和表现，还不停地观察其他的学生，生怕这些学生会把刚才的一幕牢牢记住，然后告诉那位被扔粉笔头的学生，这样，我一辈子的英名，我几十年的兢兢业业，可能就会毁于一段小小的粉笔头了。

在胆战心惊、魂不守舍中，下课的铃声响了。我并没有马上离开教室，而是把这位同学带到了办公室，假装了解他昨晚的休息情况，然后试探着问他，对我刚才的举动有何看法。我既不敢讲自己的行为是否引起他的不适，怕小题大做引发大麻烦；也不能马虎对待，怕真的引起学生的不良情绪，产生不可收拾的后果，真是非常害怕。所幸学生并没有什么不良感受，我仔细观察、一再确认后，才稍稍放下一点心。让学生回教室后，我还是非常担心，一边向班主任汇报这件事，一边安排这位学生的同桌注意观察他的表现，如有不良情绪马上向我报告。后来我又多次跟进这位学生的情况，确实没有异常后才彻底放下心来……

这位朋友在讲这件事时，我能感受到他依然心有余悸，非常后怕的样子。他说，如果当时扔的是一个性格比较刚烈的学生，当场发飙，那作为老师的他将无法下台，甚至还会有更多意想不到的事情发生。如果是一个自尊心超强的学生，不接受老师这种方式的批评，马上跑去跳楼，那后果更加不堪设想。他假设了 N 种后果，哪一种都让他后背发凉。

他说，其实当时并不是要侮辱这位学生，只是有些恨铁不成钢，想着高三的学生，还敢在课堂上睡觉，怎么这么不懂事，一时气急，才做出了这个动作，但是在现行的教育管理下，这种行为很容易引起误解，让自己百口莫辩。

这件事让他深刻地认识到，教师在面对学生的一些差强人意的表现时，不能急躁冲动，放一放，课后再找学生谈，了解导致这些问题的缘由，帮学生找到解决问题的方法，才能有效地解决问题，不至于做出让自己后悔、后怕的事情。更重要的是，教师还要不断地改进自己的教学方法，真正做到让学生有事可做，把学生吸引到课堂中。

捌 影响深远 触动观念转变的课堂

● 编 者 按

　　老师们千百日的呕心沥血、兢兢业业，却可能因学生不良表现所引发的一时冲动而毁于一旦，"我一辈子的英名，我几十年的兢兢业业，可能就会毁于一段小小的粉笔头了"。这确实是让人后怕的一个瞬间。**教师的情绪控制非常重要**，它确实有可能对学生造成不可预知的伤害，也可能会对教师自身的职业生涯产生影响。

　　这个课堂故事也在提醒我们，教育过程中，要换位思考，不断反思自己的教学方法，以生为本，让教与学过程更加"有趣、有效、有意义"；要不断提升课堂吸引力，**把学生吸引到课堂中**，让学生不可能打瞌睡走神。

编者们的心声

和这本书结缘，都是因为薛博士。薛博士2024年春节前和我商量，说有一个热血澎湃的计划，想要出一本讲述好玩儿的课堂故事的书，面对满腔热诚的她，自然唯有和她一起并肩行动。

事情就此展开，接下来的日子里，薛博士常常电话过来碰撞想法，和一位位天南海北素未谋面的老师们线上相遇，倾听一个个真诚的故事。我常常想是什么让这么多老师们走到了一起，与其说是教育使命，不如说是大家充满温情的心。在编撰书稿和老师们交流的过程中，<u>不断体会到一个个故事背后老师们炽热的心，仿佛平凡生活中收获的小确幸</u>。

也期待读者朋友们在阅读过程中蓦然发现，心有戚戚焉。

——创而新科技集团　佟杰

从教二十五年来，有许许多多难忘的教学瞬间一直都留存在自己的内心深处。非常感谢我们的团队，帮我把埋藏在心灵深处的教学灵魂以故事的形式具体展示出来。它让我更加深刻地感悟到教育的真谛与价值。在这个过程中，我不仅收获了成长与感动，而且能将这份爱与智慧传递给更多的人，备感欣慰。我相信，只要我们用心去感受、去记录、去分享这些教学故事，<u>就能让教育的力量闪耀在世界的每一个角落</u>。相信这些动人的故事不会因我们的离去而离去。

——广西壮族自治区桂林市国龙外国语学校　杨建新

刚接到薛博士的约稿信息时，鄙人恐有负重托而颇感惶恐，但很快静下心来，随之，这二十余年教学生涯中让自己或感动、或自责、或遗憾的点点滴滴一下子涌上心头。书中分享的几篇案例，便是其中印象最深刻的一部分。经过对实例的分析和反思，我意识到：<u>我们不仅要埋头拉车，更要抬头看路</u>，以确保自己在正确的道路上行走。曾有很多朋友问我："高中物理就那几本书，你教了这么多年，不会烦吗？"如果一个教师没有对教学进行思考，那么，即使有二十多年的教学经历，也许只是一年工作的二十次重复，确实挺烦的。但如果真正沉浸到教学之中，就会深刻领悟到："学然后知不足，教然后知困；学无止境，而教亦无止境；要像苏霍姆林斯基说的'用一生去备好一节课'那样去做，将教育作为终身事业去践行。"在此，也特别感谢"久久回想"同仁们的思想碰撞，让我在教书育人的道路上更加自信坚定且心怀感恩地走下去。

——河南省平顶山市实验高中　张永峰

写3个故事，心境完全不同，写《爸爸的青春期也很不堪》时，我的心里真是美滋滋的。因为这节课自我感觉很成功。教学的任务就是传道、授业、解惑！这节课很好地完成了这些任务，而且效果出乎意料地好。作为老师，颇感欣慰！回顾这个故事，我的嘴角一直在上扬。而在写《后怕的课堂》这个故事时，我还处于后怕中。在当今网络时代的师生关系中，老师出错的底线太低了，原本出自责任心，却很可能毁于不经意的、甚至是好意的细节处理，老师反被责罚。所以，我希望以此提醒同行们注意克制。另一方面，我更想呼吁社会能给教师更多的教育空间，其实，<u>我挺担心如果条条框框太多，产生的后果是可怕的</u>！这样的教育管理并不能满足活生生的学生成长的需要，我更担忧如果我们培养出来的是一批批巨婴，那将是国家的悲哀！

——广东省阳春市第三中学　罗潇红

久久回响
那些有温度的课堂故事

每次回顾这些故事，都让我再次触动，也不断地引发我的思考。

教育所面对的是一个个鲜活的生命，每个生命的样态和特点不同，所需要的滋养和关注也就不同。教育工作的难处就在于没有定法，无章可循，唯一能遵循的就是内心深处对孩子们的关爱，关爱他们的健康成长和终身发展，就是这份责任和情感推动着每位老师去不断思考、尝试、挑战。

"教师是天底下最光辉的职业"，这句从小就听过的话正在被一代代的教育工作者践行着。<u>我是一名普通的教师，但我深深地为这个职业骄傲</u>。

——北京市第四中学　刘薇

时光匆匆，岁月静好，二十多年的讲台生涯，已悄无声息地从身边溜走。古人云，教育就是传道、授业、解惑，但我要说，教育更是点燃、激励、唤醒。三个难忘的课堂故事从落笔到打磨，从打磨到定稿，感谢每一位让我感动的孩子，感谢"久久回响"团队的陪伴与同行，是你们让我觉得教育故事不仅仅只是一些文字，更是一份可以让人珍藏的记忆。作为故事的亲历者，我希望能够引发读者对课堂的思考和探索；作为故事的分享者，我希望大家能深入理解教育的初心，<u>做一个唤醒孩子内心动力、点燃孩子学习兴趣的教育者真的非常幸福</u>。这次写作，让我更加明确了自己的教育目标和方向，激发了自己的写作热情，深切感受到文字的力量。特别期待读者们的支持和反馈，希望大家能从故事中找到属于我们的共鸣和启示。

——贵州省遵义市第十九中学　商劼

写下后记正值中秋佳节，皓月当空，一家人悠然围坐于露台之上，轻茗浅酌，共赏明月。手机荧屏间，偶尔传来昔日学生家长温馨的节日问候，如同细流穿石，悄然唤醒心底的柔软角落。<u>那些与孩子们共度的课堂时光，总是久久回响</u>……我想这就是教育的真谛所在吧，以心传心，倾尽所能，浇灌希望之花，静待未来之星璀璨绽放。

——浙江省诸暨市浣东街道城新小学　俞碧文

读过《刀子嘴豆腐心》的您，如果也因为有过类似的经历而陷入了强烈的自责或愧疚之中，那么我在此诚挚地建议您试着与自己共情。要知道，金无足赤，人无完人，每个人都有犯错的时候，而学会善待自己是至关重要的，促使您进行深刻反思的。其实并非是过去，而是当下这个渴望改变、追求进步的自己。教育之路正是在不断反思与修正的过程中前行。<u>能够直面自己的内心，主动去思考如何改变</u>，这肯定是一个非常勇敢的举动，为您点赞！

——四川省绵阳东辰聚星学校　杜虹利

回望我的创作之路，心中满溢着感慨与温情。我以文字为舟，<u>承载对教育深沉的热爱与殷切期盼</u>。在笔下，我回眸课堂，定格真实瞬间，细腻记录师生间温馨的情感交流。初心不改，书写教育故事，希望能为教育者与学生带来启发与温暖。

——广西壮族自治区巴马瑶族自治县第二小学　韦丹霞

在创作《神奇的 AI "化妆师"》过程中，<u>我深刻意识到了科技与教育融合的魅力</u>。看到同学们在课堂上积极参与讨论，展现出的创造力和团队合作能力，我备感欣慰。这堂课对我来说意义重大，它让我意识到教学方式的创新带来的意想不到的效果，看到了学生对生活的热爱和对美好事物的追求，也让我更加关注学生的主动性和创造力的培养。我希望读者能从这个故事中感受到教育的无限可能，以及科技在教育中的重要作用。让我们一起努力，为学生创造更美好的学习体验。

——辽宁省大连东方实验高级中学　金莹

课堂，是知识的殿堂，也是故事的摇篮。当我们回忆起那些久久难以忘怀的课堂故事，心中总是涌起无尽的感慨。

有的课堂故事是一次激烈的讨论——同学们各抒己见，思想的火花在碰撞。你会记得那些精彩的观点，记得辩论中的紧张与兴奋。它让我们明白，不同的视角会带来全新的认识，而交流与合作是获取知识的重要途径。有的课堂故事是老师的一次精彩讲解——用生动的语言和形象的例子，将复杂的知识变得简单易懂。那一刻，学生心中的明灯仿佛被点亮，对知识的渴望愈发强烈。这样的课堂故事让我们懂得，<u>一位好的老师可以激发学生的无限潜能</u>。有的课堂故事是一次意外的小插曲——也许是同学的一个小错误引发了哄堂大笑，又或者是设备出了故障带来的短暂混乱。但正是这些不完美，让课堂变得更加真实而有趣。它提醒着我们，生活中充满了意外，而我们要学会在各种环境中保持乐观。

本书中的课堂故事，是我们成长道路上的宝贵财富。它见证了我们的思考、探索和成长，也让我们对未来充满了期待。

——河北省廊坊市大城县第四中学　刘建峰

创作的过程，也是我个人成长的过程。虽然是自己的真实经历，但是不曾尝试过写作。这次写作，让我更加细致地观察教学、更加生动地表达思想。过程中充满了挑战，有时，我会遇到撰写瓶颈，没有一丝头绪；有时，我会对自己的文字强烈地不满，甚至想要放弃。但正是这些挑战，促使我不断思考、不断尝试、不断突破自我，最终找到属于自己的表达方式和写作风格。

当书稿最终完成并呈现出来时，<u>那种成就感和满足感是无法用言语表达的</u>。我意识到，通过写作，我在表达自己的思想和情感的同时，与读者建立起一种特殊的联结。这种联结让我感受到了分享的快乐，也让我更加坚信，写作具有跨越时空、传递价值的力量。

——河北省廊坊市第十七中学　王营营

《一场奢侈的雪》，总让我想到每个孩子天生具有丰富的想象力和无限的创造力，他们热爱着并享受着。我，一位语文老师，能做的是尊重每一个孩子，欣赏每一个孩子，借着一些课堂契机给足孩子们空间，打开孩子们的小世界，让他们尽情地"胡思乱想"，尽情地表达。我很幸运，与孩子们一起的课堂很纯粹、有趣、有盼、有爱、有童心！

《老师，我不忍心》，提醒我，无时无刻不要低估孩子们对爱的感知力，爱是抵达生命深处的力量。亲情测试，是一场爱的唤醒，雨有意，花有应。雨对花的洗礼，<u>是感悟生命</u>，<u>是体验亲情</u>，<u>是感受爱与被爱</u>，让写作与生命合一、与精神成长合一，这正是孩子们内在生命成长的需要。

——浙江省诸暨市浣东街道城新小学　罗敏萍

久久回响
那些有温度的课堂故事

教育就是师生共赴终点的一段精彩旅程，孩子们和我们一路携手同行，每一堂课、每一次对话都定格成彼此心中最绚烂的风景。其实很多时候我们的教育心情都满是芬芳，虽然是浅浅的淡淡的，但都是沁人心脾、令人陶醉。很多时候我们都有记录这些点滴的冲动，真想把每一次经历的各种真性情用最美的文字留存，无奈时间匆匆，事情太多。特别感恩这次"久久回响"团队的相遇，写心中之念，感人生之味，品师生之情。三尺讲台虽小，人生舞台却大，祝愿我们都能和孩子们在这里演绎更多更精彩的"神话"。

——四川省资阳天立学校　吴边

从教二十载，上课万余节，每次都用心备课上课，课中不乏精彩之处，却鲜少用文字记载。此番有幸承蒙薛博士约稿，吾以为此书意图甚好，遂欣然应允。

追忆往昔，冥思苦想，几番思索，终于定下故事题目，忙里抽闲，敲字行文，几易其稿，终于定稿。

成文之时，感慨有三：一则为师者当用心教学，用精彩课堂传道、授业、解惑；二则《左传·襄公二十四年》中"穆叔曰：太上有立德，其次有立功，其次有立言。"为师者立德树人建功立业之外，也当撰书立言让他人从中受益；三则世间诸事，当迎难而上，行则难事亦易。

——广东省阳春市实验中学　李剑镔

能够和全国各地优秀的老师们共同来编写这本书，的确是一件幸事，而对于我个人来说，也是很有意义的。平时忙于工作和生活，很少能安静下来，从一个不同的角度来审视自己和周围的人与事，正是因为有了这样一个契机，让我有机会静下心来去思考一下我和我的学生们的故事，<u>我似乎看见了一个未曾看到的自己</u>，突然发现自己原来有一颗温柔的内心，一直是满怀温情地对待周围的人和事。

——宁夏回族自治区石嘴山市平罗中学　郭伟东

和我的好朋友薛丽霞常常因为教育的话题一聊就是几十分钟。2024年春节前的一天，好朋友突发奇想，要把身边老师们的最帅最难忘的教学故事出一本书记录下来，与更多的人分享。她说，和喜欢的同仁们做一件对教育教学有用的事情，那该多么有意义又好玩儿啊！她热切地问我这个想法怎么样，得到我的赞同，她开心得如同一个孩子。那晚，我们越聊越兴奋，最终将故事内容锁定在课堂上，体现教师的智慧和爱心，展示学生灵动的生命绽放出的不同风采。

说干就干，当晚我便开始回想教育生涯中难忘的瞬间，边回忆边记录，时而忍俊不禁，时而潸然泪下，时而起身翻看照片。孩子们带给我的美好，一股脑蹦跳着涌来。接下来的日子，在团队里我结识了来自全国各地的优秀教师，<u>一群志同道合的人共同做一件有意义的事是何其幸福</u>！团队中的老师跨越小学、初中、高中不同学段，所有人对教育的爱都是那么真挚与执着，我们的教育故事永远诉不尽，道不完……唯愿以我们的阅历经验，为读者打开新的教育天地。

——山西省太原市第四实验小学校　刘政燕

主编的心声

2024年2月6日，是个重要的日子，集团组织AI分享会议，美国的合作伙伴分享如何利用人工智能辅助编写绘本故事。突然之间，一个激动人心的想法冒出来：人类为什么要看AI编写的故事呢？人类的宝贵时间，不是更应该看活人写的真实故事吗？如果老师们把自己上过的最精彩的一节课或者一个教学环节，用讲故事的方式分享出来，岂不是特别帅？！

这么激动人心的想法，一刻也不能耽误，会议结束，即刻把写书的想法整理了一段文字，微信分享给几位同事，下午电话联系了几位老师朋友，晚上整理出一页纸的"《好玩儿的课堂》呼唤有趣的你"，介绍这本书的思路，邀请志趣相投的老师来加盟。2024年除夕夜的前一天，8日晚上，团队16人线上讨论碰撞，老师们也都热血沸腾，决定充分利用过年和假期的宝贵时光，立刻行动起来，写"<u>一本实用的、对中小学老师们教学有启发的、好玩儿且有意义的课堂故事的书</u>"的飞轮，就此旋转了起来。

这3个月时间，我始终处于"特别幸福"的状态，工作日志中满眼都是"特别感动""心花怒放""看得热泪盈眶""欢欣鼓舞""人品爆棚""成就感满满"……做自己喜欢而有意义的事情，就是这么地幸福，如此地兴奋。

这3个月，团队的老师们是如此卓有成效，62个故事全部定稿。老师们都是利用课余时间来写梗概、参加互助共创头脑风暴会、写故事、改故事、创意故事名称、更新编者按、商讨书名，在此深表感谢！<u>一群志趣相投的人，一起做一件有趣有意义的事儿</u>，辛苦各位亲爱的老师啦，相信这些美好的共处时光一定会在我们心中久久回响，爱你们！

在黄海晖院长、傅强总、余品浩校长、王剑松、蒋云钟教授的大力帮助下，我这个出版领域的小白，开始了解出版社、与出版社洽谈，最终愉快而高效地和中国水利水电出版社达成合作。和编辑们的交流是那么地默契，<u>一些"有情怀的人"愉悦地做些"有情怀的事儿"</u>，感恩！你们的鼎力支持，让我乘风破浪，勇往直前。

痴迷于这本书的我，脑子似乎缺了根弦儿，工作和生活中各种脑短路，创而新集团的同事们，亲爱的李慧勤博士、佟杰老师、韩涛老师、尹文妹妹、余层总、黄伟总、周威总和小伙伴们对我各种的提醒、包容、支持，让我不至于被幸福冲昏了头脑。<u>一群志同道合的兄弟，并肩奋斗的日子</u>，让任性而理想主义的我在和你们的日夜碰撞中茁壮成长。感恩！你们的关心和宠爱，让我幸福感爆棚，眼中始终有光。

专业性把握不好的时候，一万次打扰吴素荣姐姐和我亲爱的亲姐姐薛红霞，她们随时随地"有问必答"，哪怕异常忙碌，都会惦记着实时指导我。你们是我最大的靠山，别人是"有问题找度娘"，我是"有问题找姐姐"，爱你们！

感谢高钧总和北京四中网校的同事们，很多对教育的理解和感悟，写书的向往和憧憬，都是在和你们南征北战摸爬滚打的美好时光中，逐渐被熏陶、浸染而产生的。想念你们！

这3个月，家里的活儿都抛到九霄云外去了，周末常常是方便面、外卖糊口，感谢亲爱的老公和儿子，从来也不嫌弃我，包容我大大小小的各种任性，给予我无原则无底线的各种支持，最爱你们！

五十芳华的我，一直如此地幸运，和本书中幸福的小朋友们一样，始终环绕着肯定、接纳、允许、信任、欣赏与鼓励，感恩！

祝愿每位读者，<u>和志同道合的人一起，做自己喜欢而擅长的事情</u>，经常不拘一格开下脑洞，做些有情怀有意义的独特项目，为这个不确定的世界增添一份美好！

薛丽霞

2024 年 5 月 20 日凌晨